Dedicado a:

_____

Por:

_____

Fecha:

_____

EL PODER DE
ATAR Y DESATAR

GUILLERMO y Ana MALDONADO

EL PODER DE ATAR Y DESATAR

Cómo interceder efectivamente

Nuestra Visión

Alimentar espiritualmente al pueblo de Dios por medio de las enseñanzas, libros y predicaciones; y además, expandir la palabra de Dios a todos los confines de la tierra.

El Poder de Atar y Desatar

Tercera Edición 2006

ISBN: 1-59272-074-9

Portada diseñada por:
Departamento de Diseño
ERJ Publicaciones

Categoría:
Guerra Espiritual

Publicado por:
ERJ Publicaciones
13651 SW 143 Ct., Suite 101, Miami, FL 33186
Tel: (305) 233-3325 – Fax: (305) 675-5770

Impreso por:
ERJ Publicaciones
Impreso en Colombia

DEDICATORIA

*D*edicamos este libro a todos los intercesores de la Iglesia "El Rey Jesús", que han entendido la importancia y han visto los frutos de la intercesión y la guerra espiritual, tanto en el ministerio como en su vida personal; a aquellos que nos han acompañado en las batallas grandes y pequeñas cada día, sin importar las circunstancias, parándose en la brecha para que la voluntad de Dios sea establecida en su pueblo y en este ministerio. A todos ellos, gracias porque han decidido creerle al Gran Yo Soy, el general que no ha perdido, ni perderá una batalla... JESÚS.

"En Cristo somos más que vencedores".

ÍNDICE

ÍNDICE

INTRODUCCIÓN

E xisten muchas definiciones acerca de lo que significa la intercesión; pero aún así, la mayoría de los creyentes no la practican. Debido a esto, muchos no logran obtener lo que Dios ya ha establecido que les pertenece.

Uno de los grandes propósitos por los cuales Dios creó a la humanidad, fue para llevar a cabo su voluntad en la tierra. Él está buscando hombres y mujeres como usted, que crean en el poder que Él nos ha dado para hacer que las cosas que establecemos en lo espiritual, se cumplan en lo natural.

Además, este libro tiene el propósito de transformar su vida espiritual, dándole un enfoque al verdadero poder que tenemos en Cristo Jesús. Al culminar su lectura, usted logrará entender mejor la posición y el llamado que Dios ha establecido para su vida.

CAPÍTULO I

¿CUÁL ES EL PROPÓSITO DE LA INTERCESIÓN?

*U*no de los grandes problemas que he visto en el cuerpo de Cristo, es la falta de intercesión y guerra espiritual de parte del pueblo de Dios. Lamentablemente, las reuniones más pequeñas de las iglesias son las de intercesión. Por esto, una de las preguntas que nos hacemos al respecto es: ¿por qué las personas no interceden? Creo que esto sucede por dos razones principales:

1. **LAS PERSONAS NO CONOCEN EL PROPÓSITO DE LA INTERCESIÓN.**

Para entender mejor este punto, definamos la palabra propósito. **Propósito** es la intención original para lo cual fue creado algo. La primera razón por la que muchos creyentes no interceden es porque no saben cuál es el propósito por el cual Dios creó la intercesión. Cuando no se conoce el propósito de algo, no se usa o no se tiene visión ni dirección para usarlo correctamente.

2. **LAS PERSONAS NO INTERCEDEN PORQUE NO OBTIENEN RESULTA-DOS POSITIVOS.**

Al no conocer el propósito de la intercesión, automáticamente se pierde el sentido de la misma; y por tal motivo, intercedemos mal y no tenemos buenos resultados.

Otras preguntas que surgen al respecto son: ¿por qué debemos interceder? Si Dios es poderoso y hace lo que Él quiere, ¿por qué interceder? ¿Cuál es el propósito de la intercesión? ¿Por qué interceder si Dios es soberano y hace lo que Él quiere? ¿Por qué debemos interceder si Dios no puede ser afectado por lo que hagamos? ¿Por qué interceder si Dios lo sabe todo? ¿Por qué interceder si Dios lo controla y lo predetermina todo? ¿Por qué interceder si el enemigo ya fue vencido? ¿Por qué interceder por los perdidos si la voluntad de Dios es que todos seamos salvos? Todas estas preguntas son válidas, y para contestarlas, primero tenemos que entender la verdadera naturaleza de Dios y sus propósitos para la raza humana. Esto nos va a guiar al por qué del propósito de la intercesión. Dios es un "Dios de propósitos". Todo lo que Él creó en la tierra, incluyendo al hombre, fue creado para cumplir su propósito.

DIOS CREÓ AL HOMBRE CON TRES PROPÓSITOS PRINCIPALES, LOS CUALES SON:

1. **REFLEJAR LA NATURALEZA DE DIOS.**

*"26Entonces dijo Dios: **Hagamos al hombre a nuestra imagen, conforme a nuestra semejanza...**". Génesis 1.26*

Esto significa que fuimos creados para tener su naturaleza y su carácter moral. La manera de desarrollar esta imagen y este carácter de Dios, es por medio de nuestra comunión íntima con Él. Ningún ser humano puede parecerse a Dios ni estar satisfecho hasta que haya logrado tener una comunión íntima con Él. Éste fue el propósito por el cual Dios nos creó, para que reflejemos su carácter, amor, bondad, misericordia, santidad, paz, autoridad y poder.

2. **LLEVAR A CABO SUS PLANES, SUS PROPÓSITOS Y SU VOLUNTAD EN LA TIERRA.**

Cuando Dios creó al hombre a su imagen, le dio también un libre albedrío. Es decir, que le concedió una voluntad con la habilidad de escoger y tomar decisiones; y de esta manera, tomar acción y cumplir con la voluntad de Dios en la tierra. Dios estableció su voluntad aquí en la tierra con la cooperación de la voluntad del hombre. Este propósito nunca cambió, ni siquiera con la caída del hombre. Dios le dio al hombre la habilidad de señorear sobre toda la creación, y de esa manera, es que puede ejecutar su propósito y su voluntad.

Dios creó al hombre con la libertad para funcionar en la tierra y le dio derecho legal y autoridad para operar en ella.

3. TENER COMUNIÓN ÍNTIMA CON ÉL.

Desde que Dios creó al hombre, siempre ha tenido el propósito de tener una relación cercana con él. Dice la Palabra que, en el principio, Dios se paseaba por el huerto del Edén y hablaba con Adán (mantenían una comunicación diaria). Aún hoy, el anhelo de Dios sigue siendo el tener esa comunión con el hombre cada día.

DIOS LE DA LA HABILIDAD AL HOMBRE DE SEÑOREAR

En primer lugar, Dios creó al hombre con un espíritu, el cual salió de la misma esencia de Dios. De manera que, la raza humana gobernara en el mundo físico aquí en la tierra. Dios le dio al hombre un cuerpo físico manifestado en dos sexos: masculino y femenino. El hombre es el único que tiene derecho legal sobre la tierra. Si alguien no tiene cuerpo y alma, su permanencia y acciones son ilegales. Por esta misma razón, es que Dios no podía venir a la tierra sin un cuerpo físico. Pues, Él mismo lo había establecido así, en su Palabra.

Desde el principio, Dios estableció, en su Palabra, que el único con derecho legal para gobernar, señorear y actuar aquí en la tierra es el hombre, con su cuerpo físico.

Dios creó al hombre a su imagen y semejanza; y éstas se desarrollan por medio de la comunión íntima con Él. Dios creó al hombre para que llevase a cabo su voluntad en la tierra y la gobernara; y para eso le dio una voluntad propia y un cuerpo físico. Dios no hace nada que vaya en contra de su Palabra. Por tanto, hay tres cosas que Él estableció desde un principio en Génesis 1.26.

- Dios es soberano como su Palabra.

- Dios está comprometido con su Palabra: El Señor no hará más allá de lo que Él mismo ha dicho y establecido.

- Dios nunca viola su Palabra. Todo lo que Dios habla, viene a ser una ley.

ଓ · ଞ

**La intercesión fue creada
para cumplir la Palabra. Porque, para que algo
sea hecho en la tierra, tiene que ser hecho con la conjunción
del cuerpo físico y el espíritu.**

ଓ · ଞ

Dios, si así lo quisiera, podría venir a la tierra sin un cuerpo físico. Pero, se estaría contradiciendo; sería ilegal, porque eso fue lo que dijo en su Palabra: que el ser humano (con un cuerpo físico) gobernaría la tierra. Si alguien más tratara de venir aquí a la tierra sin un cuerpo físico, sería ilegal. Por eso, tanto Dios como el diablo, necesitan un cuerpo físico para actuar en la tierra. Por esta razón, el Señor le dijo al diablo: "yo vendré a la tierra legalmente y te pisaré la cabeza".

"15Pondré enemistad entre ti y la mujer, y entre tu simiente y la simiente suya; ésta te herirá en la cabeza, y tú la herirás en el talón". Génesis 3.15

¿CÓMO FUE QUE DIOS ENTRÓ A LA TIERRA CON UN CUERPO FÍSICO?

- Se hizo Emmanuel – *"em"* significa hombre y *"manuel"* significa Dios.

Dios le dijo a María: "yo necesito tu cuerpo para venir legalmente a la tierra". Con esto, Dios le dice al diablo: "la mujer será tu pesadilla". Dios no va a interferir en la tierra sin la intercesión, ya que ésta es la vía mediante la cual el hombre le da derecho legal a Dios en la tierra para que haga Su voluntad. Dios no nos usa porque somos inteligentes, indispensables o grandes. Dios nos usa porque está comprometido con su misma Palabra. Cuando intercedemos, le damos a Dios permiso para que invada nuestra vida, transforme nuestra familia, cambie nuestras ciudades y países.

"18De cierto os digo, que todo lo que atéis en la tierra será atado en el cielo; y todo lo que desatéis en la tierra será desatado en el cielo". Mateo 18.18

Dios te quiere sanar, no solamente para que se sienta bien, sino, porque lo necesita para llevar a cabo Su voluntad.

DIOS BUSCA UN CUERPO FÍSICO PARA QUE INTERCEDA

"30Busqué entre ellos un hombre que levantara una muralla y que se pusiera en la brecha delante de mí, a favor de la tierra, para que yo no la destruyera; pero no lo hallé". Ezequiel 22.30

Dios está buscando un cuerpo con espíritu que se ponga a favor de otros. Un hombre o una mujer que quiera levantar un vallado, una cobertura para la iglesia, la familia, entre otros. Dios nos está diciendo que necesita a alguien que dé a luz sus planes en la tierra. Él quiere salvar, sanar y traer un avivamiento a nuestra tierra. Dios quiere restaurar las familias; pero necesita que un hombre le deje usar su cuerpo físico para hacer todo esto.

$\alpha \cdot \infty$

Hay muchos planes y propósitos de Dios
que nunca se cumplirán porque nadie intercedió aquí en la
tierra para que se llevaran a cabo. La intercesión
no es una opción, sino una necesidad.

$\alpha \cdot \infty$

"¹También les refirió Jesús una parábola sobre la necesidad de orar siempre y no desmayar...". Lucas 18.1

SOMOS COLABORADORES DE DIOS

"¹Así, pues, nosotros, como colaboradores suyos, os exhortamos también a que no recibáis en vano la gracia de Dios..."
2 Corintios 6.1

La palabra "colaboradores" significa: aquellos que cooperan, aquellos que ayudan con, que trabajan juntos. Cada uno de nosotros debe ver a la humanidad como parte y colaboradora de Dios para que Sus planes y propósitos sean hechos. Jesús llevaba a cabo la voluntad del Padre por medio de la intercesión. Hay una sola cosa que los discípulos le pidieron a Jesús, y ésa fue que les enseñara a orar. Ellos no le pidieron que les enseñara a llevar a cabo milagros o a echar fuera demonios, sino que les enseñara a orar. ¿Por qué? Porque ellos veían los resultados de la vida de oración de Jesús. Los discípulos sabían que el secreto del poder de Jesús estaba en su vida de oración.

$\alpha \cdot \infty$

El secreto del éxito de Jesús
en el ministerio fue su vida de oración.

$\alpha \cdot \infty$

Quiero que notemos que era mayor el tiempo que Jesús se la pasaba orando e intercediendo, para después, en unos segundos obtener los resultados de sus oraciones. Él operaba de esta manera continuamente. Jesús se pasaba cuatro horas orando e intercediendo; y luego, en sólo dos minutos, echaba fuera a un demonio; y en otro minuto, sanaba a un leproso. La Iglesia todavía no ha entendido la verdad de esto. Pasamos pocos minutos con Dios y, luego, tratamos de hacer muchas horas de trabajo en su nombre. Jesús echaba fuera un demonio en un segundo, diciendo: "sal fuera", y el demonio salía. La diferencia es que por la mañana, Él oraba cinco horas. Martín Luther King dijo esto: "más trabajo es hecho por la oración que por el trabajo mismo".

Horas con Dios, hacen los minutos más efectivos con los hombres.

Podemos concluir, que si nos pasamos horas con Dios, entonces nos tomará sólo minutos resolver los problemas aquí en la tierra. El tiempo que pasamos con Dios no es gastado, sino invertido. La preocupación de Jesús no era ministrar al hombre sino a Dios.

¿QUÉ PIDE DIOS PARA HACER SU VOLUNTAD EN LA TIERRA?

- **UN HOMBRE O UNA MUJER DISPONIBLE.**

"8Después oí la voz del Señor, que decía: ¿A quién enviaré y quién irá por nosotros? Entonces respondí yo: Heme aquí, envíame a mí". Isaías 6.8

Dios no está interesado en nuestra habilidad, intelecto, capacidad, dones o talentos, sino en nuestra disponibilidad. En alguien que le diga: "Señor usa mi cuerpo físico para interceder por las almas, por las finanzas, por el gobierno o por el pastor". Alguien que ore la voluntad de Dios y la traiga a la tierra. Dios quiere mostrar su carácter por medio de la comunión íntima con Él. Dios quiere que ejerzamos dominio y señorío aquí en la tierra, y que por medio de nuestro cuerpo físico y voluntad o libre albedrío, le demos derecho legal para llevar a cabo sus planes y propósitos.

CAPÍTULO II

¿QUÉ ES
LA INTERCESIÓN?

E s el acto de hacer una petición o interceder en lugar de otro delante de Dios.

"30Busqué entre ellos un hombre que levantara una muralla y que se pusiera en la brecha delante de mí, a favor de la tierra, para que yo no la destruyera; pero no lo hallé". Ezequiel 22.30

Hay diferentes palabras griegas y hebreas, con una variedad de significados, que describen la palabra intercesión.

En el idioma griego, están las siguientes palabras:

Enteuxis: Es una oración con tiempo y lugar previamente planificados, con el propósito de aproximarse al Rey.

Entugehano: Significa hacer intercesión; encontrarse con; una reunión.

En el idioma hebreo, encontramos las siguientes palabras:

Palal: Significa orar, interceder, mediar como juez entre dos partes.

Hiphil: Causar que la luz caiga, causar que implore, alcanzar la marca.

Paga: Ésta es una palabra griega con un significado poderoso. Significa reunirse con, encontrarse, golpear al blanco, dar al blanco, impactar, atacar en forma violenta, asestar un golpe agudo, hacer entrar por la fuerza. Cuando hablamos de intercesión, estamos incluyendo muchas áreas. No es, solamente, hacer una súplica por otro. Algunos aspectos importantes que incluyen la intercesión son:

1. **La intercesión es aproximarse al Rey con un propósito y en un lugar específico:** Cuando esta palabra nos habla de aproximarse, se refiere a una intimidad y una comunión con Dios. Nos habla de que es una faceta de la intercesión, el desarrollar una interna relación con el Rey de Gloria. Segundo, nos habla de tener un lugar específico para interceder. Dios nos pide que busquemos un lugar específico, dedicado y consagrado para la intercesión. Hay intercesores, cuyo énfasis es hacer guerra espiritual, golpear y dar al blanco. Pero, no se nos puede olvidar que ésta es una guerra de adoradores, que cuando tenemos intimidad con el Padre primero, y lo adoramos, entonces podemos ser más efectivos en la intercesión.

2. **La intercesión es mediar entre dos partes:** Un intercesor toma el lugar de otro; como lo fue el caso de Moisés, que intercedió por el pueblo delante de Dios para que no fuera destruido.

"31Entonces volvió Moisés ante Jehová y le dijo: —Puesto que este pueblo ha cometido un gran pecado al hacerse dioses de oro, 32te ruego que perdones ahora su pecado, y si no, bórrame del libro que has escrito". Éxodo 32.31-32

3. **La intercesión causa que la luz de Dios caiga.**

"3Pero si nuestro evangelio está aún encubierto, entre los que se pierden está encubierto; 4esto es, entre los incrédulos, a quienes el dios de este mundo les cegó el entendimiento,

para que no les resplandezca la luz del evangelio de la gloria de Cristo, el cual es la imagen de Dios". 2 Corintios 4.3, 4

Los inconversos tienen los ojos cegados por el enemigo y no pueden ver ni entender el evangelio; por lo tanto, se necesita un intercesor para que interceda delante de Dios y haga que la luz del evangelio caiga y alumbre su entendimiento para que sean salvos. Hay muchas personas que nunca serán salvas, a menos que alguien interceda por ellas. La intercesión hace que las escamas de sus ojos (simbolismo que se refiere a la ceguera espiritual) se caigan y puedan ver y entender el evangelio.

4. **LA INTERCESIÓN ("PAGA") ES GUERRA ESPIRITUAL.**

La palabra "paga" fue usada originalmente para definir violencia y guerra; y se traduce en diferentes formas, tales como: ataque, caer sobre, tirar, golpear. De hecho, "paga", involucra guerra. Hay una manera de conseguir lo imposible y es invadiendo el campo del enemigo.

Por eso, es que Jesús dice:

*"12Desde los días de Juan el Bautista hasta ahora, **el reino de los cielos sufre violencia**, y los violentos lo arrebatan". Mateo 11.12*

La Biblia Amplificada lo narra de la siguiente manera:

*"...y desde los días de Juan el Bautista hasta ahora, el reino de Dios ha **soportado, aguantado, tolerado, sufrido pacientemente un violento asalto**, y hombres violentos lo arrebatan, lo agarran por la fuerza, como una recompensa preciosa, o como una parte del reino de Dios que es deseado con el más ferviente celo y con un esfuerzo intenso".*

¿CÓMO ES QUE LOS HOMBRES Y LAS MUJERES VALIENTES ARREBATAN EL REINO?

- Por medio de la **intercesión** ("paga").
- Haciendo un asalto **violento** en el espíritu, arrebatando lo que es de ellos por medio de la intercesión.

¿QUÉ ES LO QUE ESTÁ BUSCANDO DIOS PARA HACER SU VOLUNTAD EN LA TIERRA?

Dios está buscando personas con un corazón dispuesto a cambiar el mundo a través de la intercesión.

Recordemos que Dios necesita un cuerpo humano, con una voluntad entregada a Él para hacer lo que quiere aquí en la tierra. Dios está buscando hombres y mujeres que estén disponibles para Él; que presten sus cuerpos y que rindan su voluntad a Él.

HAY DOS TIPOS DE INDIVIDUOS QUE DIOS ESTÁ BUSCANDO:

- **ADORADORES**

Éstos son los que hacen que la gloria de Dios descienda sobre la tierra. Mientras los intercesores oran por el terreno, los adoradores hacen que "la lluvia" caiga sobre él.

"24Dios es Espíritu, y los que lo adoran, en espíritu y en verdad es necesario que lo adoren". Juan 4.24

- **INTERCESORES**

Él está buscando los adoradores y los intercesores que hayan muerto a sus deseos personales y que quieran hacer la voluntad de Dios.

Estudiemos, cuidadosamente, lo que la intercesión produce en el mundo espiritual:

1. LA INTERCESIÓN LEVANTA UN VALLADO.

¿Qué es un vallado?

- Un vallado es un cerco de protección que sirve para ayudar al que está en problemas y para proteger al que está en desesperación; y está hecho para mantener a los enemigos fuera de la viña y para mantener un lugar seguro.

- Hacer vallado significa: rodear con un cerco o pared para proteger.

La oración intercesora envuelve, levanta o edifica una pared espiritual alrededor del pueblo, matrimonios, hijos, ciudades, naciones, etcétera. Un vallado o un cerco roto es una puerta para que el enemigo entre y destruya.

"7Pero aconteció que oyeron Sanbalat, Tobías, los árabes, los amonitas y los de Asdod que los muros de Jerusalén eran reparados, pues ya las brechas comenzaban a ser cerradas, y se encolerizaron mucho. 8Conspiraron luego todos a una para venir a atacar a Jerusalén y hacerle daño".
Nehemías 4.7, 8

Al leer esta escritura, vemos cómo las brechas, en el Antiguo Testamento, tenían que ser cerradas para mejorar la protección de la ciudad. El diablo reconoce cuándo este cerco de protección está sobre un creyente; esto mismo fue lo que le sucedió a Job.

"¹⁰No le has cercado alrededor a él y a su casa y a todo lo que tiene? Al trabajo de sus manos has dado bendición; por tanto, sus bienes han aumentado sobre la tierra". Job 1.10

2. LA INTERCESIÓN REPARA LAS BRECHAS.

¿Qué significa una brecha?

Significa una abertura, una fisura, una grieta; especialmente, se refiere a una grieta en una muralla.

El enemigo está buscando abrir, penetrar y romper nuestra muralla continuamente. En la antigüedad, cuando Israel peleaba contra sus enemigos, después de la batalla, éstos dejaban brechas o aberturas alrededor de las paredes en la ciudad; luego, regresaban para revisar si todavía estaban abiertas o si ya se habían reparado. Cuando el pueblo de Israel no tenía el tiempo para repararlas, porque el enemigo regresaba rápidamente, entonces Israel ponía un soldado que se parara en la abertura y protegiera esta entrada. Allí, hacían guardia todo el día y toda la noche. El soldado que se paraba en la abertura para repeler al enemigo, arriesgaba su propia vida. Esto era conocido como uno de los actos de mayor coraje de un soldado. Algunas veces, ellos morían dando la vida por la ciudad. Los soldados que se paraban en la brecha eran altamente respetados, y sus nombres honrados entre los demás soldados.

LAS BRECHAS EN NUESTRAS VIDAS SE MANIFIESTAN CUANDO:

* Estamos en algún peligro físico.

* Estamos en un momento de crisis, problemas, desesperación y necesitamos que alguien ore por nosotros.

Las brechas en nuestra vida son provocadas por nuestros propios pecados, tanto de comisión como de omisión. Éstos abren la puerta al enemigo para atacarnos. Las brechas son debilidades y defectos que abren puertas al enemigo, y necesitamos que alguien las cubra en oración para mantener al enemigo fuera de nuestros límites. Dios está buscando un soldado valiente que deje de pensar tanto en sí mismo y en sus propios problemas, y se ponga en la brecha y empiece a dar su vida por los demás.

La intercesión y la adoración son los niveles de oración más altos.

El desafío para cada uno de nosotros, es levantarnos como esos soldados valientes y empezar a tirar el cerco, la pared, por nuestros hijos, nuestra familia, nuestra iglesia, nuestra nación. Comencemos hoy a ser reparadores de portillos. Si la muralla de la intercesión está caída, hoy es el tiempo de volver a levantarla. ¡Gloria a Dios!

¿CUÁLES SON LAS CONSECUENCIAS DE TENER UNA MURALLA CAÍDA? (ES DECIR, HABER DEJADO DE ORAR E INTERCEDER).

➢ Los ataques del enemigo serán constantes.

➢ La viña del Señor será pisoteada.

"⁵Os mostraré, pues, ahora lo que haré yo a mi viña: Le quitaré su vallado y será consumida; derribaré su cerca y será pisoteada". Isaías 5.5

➢ El fruto será arrebatado y robado.

"¹²¿Por qué rompiste sus cercas y la vendimian todos los que pasan por el camino?". Salmo 80.12

¿CÓMO EMPEZAMOS A LEVANTAR EL VALLADO Y A CERRAR LAS BRECHAS?

TOMANDO UNA DECISIÓN Y HACIENDO UN COMPROMISO DE INTERCEDER Y ORAR DIARIAMENTE: Tenemos que hacer el compromiso de cubrir a nuestra familia, nuestra iglesia, nuestros pastores y a nuestra nación todos los días. Esto se consigue a través de la intercesión, sabiendo que Dios está buscando un soldado como usted y como yo, que esté dispuesto a levantarse a cualquier hora para interceder. Cada día que dejamos de interceder, es una abertura que se hace en nuestra muralla o pared; por eso es que, dejar de orar, se puede tomar como pecado.

"²³Así que, lejos sea de mí pecar contra Jehová dejando de rogar por vosotros; antes os instruiré en el camino bueno y recto". 1 Samuel 12.23

Debemos identificarnos como soldados reparadores de portillos.

"¹²Y los tuyos edificarán las ruinas antiguas; los cimientos de generación y generación levantarás, y serás llamado "reparador de portillos", "restaurador de viviendas en ruinas". Isaías 58.12

"Cada vez que alguien esté en peligro, yo iré e intercederé por él". "Cada vez que alguien esté pasando por una crisis yo intercederé para cerrar el portillo". "Cada vez que alguien caiga en pecado, en vez de criticarlo, yo repararé el portillo, intercediendo por esa persona". "Cada vez que alguien cometa un error o vea una falta o debilidad en una persona, yo cerraré ese portillo, orando por ella". Por ejemplo, Moisés fue un intercesor para su pueblo.

- La intercesión es mediar entre dos partes.
- La intercesión incluye tener comunión íntima con Dios.

- La intercesión causará que la luz caiga.
- La intercesión también es guerra.

Las cosas del Reino de Dios las arrebatamos por la fuerza. Cada uno de nosotros tiene un llamado de interceder y reparar las brechas de nuestros hijos, familia y los nuestros; de levantar una protección alrededor de ellos, para que el enemigo no pueda entrar.

Capítulo III

El don de
la intercesión

¿*Q*ué es el don de intercesión?

Es la habilidad dada al creyente, por el Espíritu Santo, para orar largos períodos de tiempo y tener una gran pasión por la oración.

¿Cuál es el propósito del don de intercesión según lo estudiado anteriormente?

- Edificar una protección espiritual alrededor de cualquier persona o cosa por la cual intercedamos.

- Pararse en la brecha, entre Dios y los hombres, para llevar a cabo la voluntad de Dios aquí en la tierra.

- Dar a luz cosas establecidas en la visión de la iglesia local y del cuerpo de Cristo.

- Hacer guerra contra el diablo y sus demonios, y destruir todo plan del enemigo.

¿Cuáles son las evidencias que muestran que un creyente tiene el don o el ministerio de intercesión?

La persona que tiene el ministerio de intercesión presenta las siguientes características:

- **Ora por largos períodos de tiempo y disfruta la oración:** Ésta es una evidencia muy clara en un intercesor; que puede estar orando por muchas horas y no se queja ni se aburre; por el contrario, disfruta la oración.

- **OPERA FUERTEMENTE EN EL DON DE DISCERNIMIENTO DE ESPÍRITUS:** Los intercesores perciben, sienten, ven y oyen en el mundo espiritual muy a menudo. Esto es debido a que operan en el don de discernimiento de espíritus.

- **LOS INTERCESORES SE IDENTIFICAN CON LA CARGA Y CON EL DOLOR DE LAS PERSONAS:** Cuando están hablando con una persona, pueden percibir, inmediatamente, la carga del problema de esa persona.

- **OBTIENE RESPUESTAS A SUS ORACIONES MUY A MENUDO, MÁS QUE CUALQUIER OTRO CREYENTE PROMEDIO:** Dios le contesta sus oraciones, aun cuando sean muy específicas. Los resultados son más poderosos que los de cualquier otro creyente.

- **CONSTANTEMENTE, TIENE UNA ACTITUD DE ORACIÓN:** No importa dónde esté y con quién esté, todo el tiempo está intercediendo.

- **OPERA EN EL DON DE COMPASIÓN Y AMOR:** Ésta es una de las evidencias de un verdadero intercesor. Es decir, lo que hace a un intercesor sensible a la carga y al dolor de las personas, es que está lleno de amor y compasión.

- **A MENUDO, RECIBE SENSACIONES, SÍNTOMAS EN SU CUERPO FÍSICO QUE LE ADVIERTEN DE UN PELIGRO:** Hay muchos intercesores que sienten los síntomas de la persona o de la situación por la que están orando. Por ejemplo: dolor de cabeza, dolor en la espalda, vómitos, mareos y otros.

- **EL INTERCESOR ES MUY SENSIBLE AL MUNDO ESPIRITUAL:** Si no tiene cuidado, se puede inclinar a percibir más lo malo que lo bueno.

- TiENE UNA PASIÓN PROFUNDA POR LA ORACIÓN Y LA INTER-
CESIÓN: LOS INTERCESORES ODIAN LAS INJUSTICIAS: Podemos
estudiar más evidencias que presenta un intercesor verdadero, pero creo que las características mencionadas
anteriormente son las más comunes.

¿CUÁLES SON LOS PELIGROS QUE PUEDE CORRER UNA PERSONA CON EL DON DE LA INTERCESIÓN SI NO LO OPERA CORRECTAMENTE?

➢ Creer que solamente él oye de Dios, y que su palabra es la
última autoridad.
➢ Creerse superior a otros espiritualmente, porque ora más
tiempo.
➢ Tiene la tendencia a percibir, ver y sentir más lo malo que lo
bueno.
➢ Querer manipular al pastor y a los líderes con sus oraciones.
➢ Hacer oraciones de juicio sobre las personas.

Es importante que todo intercesor esté bajo una cobertura espiritual y sometido a ella; para que cuando se equivoque, pueda ser
corregido.

¿CUÁLES SON LOS DIFERENTES TIPOS DE INTERCESORES QUE EXISTEN?

Así, como en cualquier otro ministerio, existen diferentes clases
de intercesores con un llamado dado por Dios, para interceder en
un área específica. Veamos cuáles son las diferentes clases de
intercesores que existen:

- INTERCESORES DE ALMAS: Éstos son los que se paran en la
brecha por las personas que no conocen al Señor. Gimen,
lloran y tienen gran pasión por las almas. Muchas veces,
cuando Dios los pone a orar, sienten como si estuvieran

dando a luz un bebé. Su intercesión está dirigida hacia el perdido. Hay individuos que nunca serán salvos hasta que un intercesor se ponga en la brecha por ellos y los dé a luz en el espíritu por medio de la intercesión.

• INTERCESORES DE FINANZAS: Los intercesores de finanzas han sido ungidos por Dios para interceder por los recursos financieros para el Reino de Dios. Ellos oran por otros para que reciban fondos y puedan llevar el evangelio. Tienen una fe grande para orar por recursos financieros.

• INTERCESORES PERSONALES: Éstos son los guardianes espirituales de determinada persona, a quienes Dios ha confiado para llevar información confidencial al trono de Dios; para recibir protección, provisión y otras prioridades de oración por alguna persona o individuo. Cada creyente debe tener un intercesor personal.

• INTERCESORES DE CRISIS: Los intercesores de crisis son los paramédicos de la oración. Ellos entran y salen del trono de Dios con peticiones urgentes, poniéndose en el lugar de otros. Además, actúan como vigilantes del pueblo de Dios. Anteriormente, hablamos de cómo, muchas veces, los intercesores reciben ciertos síntomas o sensaciones en su cuerpo, advirtiéndoles de un peligro, de una carga de oración, o de algo que el Espíritu Santo les pone para orar. Cuando usted, como intercesor de crisis, reciba una carga por la cual orar, no la suelte hasta que haya tenido un rompimiento en el espíritu. Esto es algo que muy pocos intercesores de crisis saben. Algunas veces, lo dejan a medio orar y no logran el rompimiento. Algunos intercesores de crisis pueden tener cargas de oración; y a veces, deben invertir semanas, días, y hasta meses, antes de lograr un rompimiento en el espíritu.

- **INTERCESORES DE GUERRA:** Son la fuerza militar poderosa de la oración. Ellos pelean por establecer la verdad de Dios en lugares donde Satanás tiene una fortaleza establecida en las personas, familias, naciones y lugares. Una evidencia de un intercesor de guerra, es que su tendencia es hacer guerra espiritual desde que comienza a orar; o sea, todo el tiempo.

- **INTERCESORES ADORADORES:** son los que interceden por medio de la adoración y la alabanza. Ellos preparan el camino para que el poder de Dios se derrame sobre la tierra.

- **INTERCESORES DE LIDERAZGO:** Ellos están asignados por Dios para interceder por los líderes de la iglesia, tales como: el pastor, la familia y el resto del liderazgo del cuerpo de Cristo.

- **INTERCESORES DE GOBIERNO:** Son aquellos que interceden por los líderes que están en el gobierno, en la política y en la esfera de influencia pública. Creo que todo intercesor debe orar todos los días, por el Presidente y su gabinete; aun así, Dios también ha asignado intercesores que para que oren específicamente por este tipo de personas.

- **INTERCESORES PROFÉTICOS:** Son los que ven el mundo invisible y los que oyen lo que no se oye a simple oído. Ellos son los que declaran la voluntad de Dios para un momento específico y en un lugar específico; son la boca de Dios.

- **INTERCESORES POR ISRAEL:** Dios ha levantado un grupo de intercesores para que oren por su pueblo Israel. Estas personas tienen una profunda pasión por el pueblo de Israel, y se identifican con su dolor y sus necesidades.

CAPÍTULO IV

EL PODER DE
LA INTERCESIÓN

*U*no de los grandes problemas de la Iglesia de Cristo hoy día, es que no conoce el poder de la intercesión. Esta falta de conocimiento no nos permite ser efectivos en nuestras oraciones. Tenemos que saber el poder que hay detrás de la intercesión, pues eso nos dará mayor confianza antes de orar. Porque cuando intercedemos, no solamente son palabras habladas al aire, sino que hay poder en las palabras que usamos.

"¹⁶Confesaos vuestras ofensas unos a otros y orad unos por otros, para que seáis sanados. La oración eficaz del justo puede mucho".
Santiago 5.16

¿POR QUÉ LA INTERCESIÓN DE UN CREYENTE TIENE TANTO PODER?

Antes de estudiar con detalles y contestar esta pregunta, vamos a estudiar el significado de la palabra justo, de acuerdo a la Biblia.

¿Qué significa la palabra justo?

La palabra **justo** es *"dikaios"* en el idioma griego, que significa: alguien que anda y camina en conducta recta; alguien que vive en un estado permanente de rectitud o de ser recto, ya sea que se juzgue en base a normas divinas o humanas. En el idioma hebreo, justo es la palabra *"yashar"*, que significa: recto, derecho, correcto delante de los ojos de Dios; ecuánime, honrado moralmente, uno que tiene sus cuentas al día con Dios.

DIOS ES JUSTO

Cuando hablamos de Dios como justo, nos referimos al perfecto acuerdo entre su naturaleza y sus actos; lo cual es la norma para todos los hombres. Cuando vemos las dos definiciones acerca de lo que es un justo, y Dios como "el justo", podemos llegar a las siguientes conclusiones:

- Justo es alguien que vive correctamente delante de Dios todo el tiempo, y muestra esto viviendo en justicia con obras rectas. Dios es justo en su naturaleza, Dios es santo, puro, limpio, recto, íntegro. Dios es todo en su persona, pero también muestra toda esta naturaleza haciendo obras con su pueblo y el resto de la humanidad.

- El ser justo consiste en ser temeroso de Dios, amar lo que Dios ama y odiar lo que Dios odia.

- El ser justo consiste en llevar una vida recta, íntegra, en santidad delante de Dios y ser el mismo en público que en privado.

- El ser justo significa vivir de acuerdo a las normas y a los mandamientos bíblicos que Dios ha establecido en su Palabra.

- Además, el ser justo se refleja en dos cosas:

  - En ser como Dios (amoroso, íntegro, santo, puro, limpio, paciente, misericordioso, lleno de paz, gozo, perdonador, entre otros).

  - En hacer obras de justicia como Dios las hace.

¿CUÁLES SON ALGUNAS OBRAS DE JUSTICIA Y QUÉ PODEMOS HACER NOSOTROS COMO JUSTOS?

"17...aprended a hacer el bien, buscad el derecho, socorred al agraviado, haced justicia al huérfano, amparad a la viuda". Isaías 1.17

- Ayudar al huérfano, a la viuda y al extranjero.
- Perdonar a los que nos ofenden.
- Bendecir a los que nos maldicen.
- Levantar al que ha caído en pecado.
- Levantar y animar al desanimado.
- Sanar al enfermo.
- Libertar al oprimido.
- Orar por el que está triste.
- Socorrer al afligido.
- Visitar al enfermo en el hospital.
- Cubrir de ropas al desnudo.
- Dar comida al hambriento.
- Hablarle a alguien del evangelio.
- Dar dinero al pobre.

La palabra de Dios le llama a estas obras de justicia, practicadas por un creyente justo: "las acciones justas de los santos".

"8Y a ella se le ha concedido que se vista de lino fino, limpio y resplandeciente (pues el lino fino significa las acciones justas de los santos)". Apocalipsis 19.8

Las acciones justas, además de reflejar el corazón justo de un creyente, vienen a ser el vestido espiritual de un cristiano delante de los ojos de Dios. Cada vez que el Señor nos mira, Él ve cómo está nuestro vestido de justicia.

¿QUIÉN HABITARÁ Y MORARÁ EN EL LUGAR SANTO?

- ### EL QUE ES JUSTO Y HACE OBRAS DE JUSTICIA.

"¹Jehová, ¿quién habitará en tu Tabernáculo?, ¿quién morará en tu monte santo? ²El que anda en integridad y hace justicia; el que habla verdad en su corazón; ³el que no calumnia con su lengua ni hace mal a su prójimo ni admite reproche alguno contra su vecino; ⁴aquel a cuyos ojos el indigno es menospreciado, pero honra a los que temen a Jehová; el que aun jurando en perjuicio propio, no por eso cambia; ⁵quien su dinero no dio a usura ni contra el inocente admitió soborno". Salmo 15.1-5

Aquel que es íntegro, aquel que es el mismo en público que en privado, que no está contaminado con el pecado, que no tiene mezclas de pecado y es santo; alguien que es puro y limpio. Es una persona que, además, hace justicia con la familia y con el prójimo.

¿DE DÓNDE VIENE LA JUSTICIA DEL CREYENTE?

Si tratamos de practicar nuestra propia justicia de acuerdo a nuestras propias normas, de nada nos sirve. La palabra de Dios le llama obras de inmundicia a nuestras supuestas "buenas" obras. La justicia del creyente fue impartida por el Señor Jesús directamente.

¿CÓMO VINO LA JUSTICIA AL CREYENTE?

- ### CUANDO POR FE CREÍMOS EN JESÚS.

"¹Justificados, pues, por la fe, tenemos paz para con Dios por medio de nuestro Señor Jesucristo...". Romanos 5.1

- **CUANDO RECIBIMOS JUSTIFICACIÓN POR SU GRACIA.**

"8...porque por gracia sois salvos por medio de la fe; y esto no de vosotros, pues es don de Dios". Efesios 2.8

Somos justos porque Dios, por medio de su gracia (su favor inmerecido), nos justificó, nos limpió, nos lavó y nos hizo su propia justicia. Una persona que quiera y haga obras de justicia, sin antes haber sido justificada, esas obras son un trapo de inmundicia delante de los ojos de Dios. No hay de qué jactarse, somos justos por la fe en Jesús y por su gracia. No podemos confiar en nuestra propia justicia.

"9A unos que confiaban en sí mismos como justos y menospreciaban a los otros, dijo también esta parábola: 10Dos hombres subieron al Templo a orar: uno era fariseo y el otro publicano. 11El fariseo, puesto en pie, oraba consigo mismo de esta manera: "Dios, te doy gracias porque no soy como los otros hombres: ladrones, injustos, adúlteros, ni aun como este publicano; 12ayuno dos veces a la semana, diezmo de todo lo que gano". 13Pero el publicano, estando lejos, no quería ni aun alzar los ojos al cielo, sino que se golpeaba el pecho, diciendo: "Dios, sé propicio a mí, pecador". 14Os digo que este descendió a su casa justificado antes que el otro, porque cualquiera que se enaltece será humillado y el que se humilla será enaltecido". Lucas 18.9-14

Hay muchas personas que son justas en posición, pero todavía no caminan en esas obras como un justo; son justos, pero todavía no han puesto por obra esa justicia.

¿CÓMO PODEMOS CAMINAR EN JUSTICIA?

- Por medio de su gracia. La gracia de Dios nos da el poder y la habilidad para vivir una vida recta, justa, íntegra, limpia y santa delante de su presencia. Si dependemos de su gracia, podemos vivir en un estado permanente de rectitud y temor de Dios; podemos llegar a odiar el mal todo el tiempo, y podemos llegar a amar lo que Dios ama todo el tiempo. Depender de la gracia de Dios, nos ayudará a ser su imagen aquí en la tierra. La gracia del Señor es la clave para tener una vida recta y temerosa de Dios aquí en la tierra. La gracia de Dios nos da la habilidad y produce en nosotros hambre y sed por vivir correctamente.

"⁶Bienaventurados los que tienen hambre y sed de justicia, porque serán saciados". Mateo 5.6

Cada creyente ha sido justificado por la fe en Jesús, y la gracia de Dios nos da el poder y la habilidad para poder vivir bien y correctamente. Entonces, conectemos esto con la oración de intercesión. Acabamos de estudiar lo que Dios quiere con el justo, pero es importante recordar que justo es aquel que es recto, vive bien delante de los ojos de Dios, es puro, limpio, íntegro y hace obras de justicia. Con esto en mente, miremos algunos puntos importantes acerca de este tema en la palabra de Dios.

➢ **LA COMUNIÓN ÍNTIMA ES CON LOS JUSTOS:** Los amigos íntimos de Dios son los justos.

"³²Porque Jehová abomina al perverso; su comunión íntima es con los justos". Proverbios 3.32

➢ **DIOS CAMINA Y ANDA CON LOS JUSTOS.**

"⁹Éstos son los descendientes de Noé: Noé, hombre justo, era perfecto entre los hombres de su tiempo; caminó Noé con Dios". Génesis 6.9

➢ **DIOS VIVE CON EL JUSTO.**

"¹Jehová, ¿quién habitará en tu Tabernáculo?, ¿quién morará en tu monte santo? ²El que anda en integridad y hace justicia; el que habla verdad en su corazón...". Salmo 15.1, 2

La morada permanente de Dios es con los justos.

➤ DIOS OYE AL JUSTO Y LO LIBERA.

"¹⁹Muchas son las aflicciones del justo, pero de todas ellas lo librará Jehová", Salmo 34.19

El justo vive correctamente en esta tierra, y el tener una vida recta, caminando en el temor de Dios todo el tiempo, le garantiza el oído de Dios en su intercesión. Dios oye a los que le temen. Un excelente ejemplo de esto es Jesús.

"⁷Y Cristo, en los días de su vida terrena, ofreció ruegos y súplicas con gran clamor y lágrimas al que lo podía librar de la muerte, y fue oído a causa de su temor reverente". Hebreos 5.7

➤ DIOS NO DESTRUYE NI JUZGA UNA CIUDAD ENTERA POR UN SÓLO JUSTO QUE SE HALLE.

"³²Volvió Abraham a decir: —No se enoje ahora mi Señor; sólo hablaré esta vez: quizá se encuentren allí diez. —No la destruiré— respondió Jehová—, por amor a los diez". Génesis 18.32

Cuando estudiamos todos los puntos anteriores, vemos que Dios busca los justos para que sean sus amigos. Dios anda diariamente con ellos, vive en su casa y los oye. Con esto, vamos entendiendo por qué nuestras oraciones tienen tanto poder.

También, encontramos que por causa de un sólo justo, Dios no destruye ni juzga a una ciudad entera; como se lo deja saber Dios a Abraham, cuando éste le pidió que no destruyera a Sodoma y Gomorra. Dios se detendrá de juzgar a su familia inconversa (que hace maldad) por causa de que usted es justo en su casa. El vivir en rectitud detiene el juicio de Dios para otros.

¿POR QUÉ NUESTRA INTERCESIÓN Y ORACIÓN TIENEN PODER?

"13¿Está alguno entre vosotros afligido? Haga oración. ¿Está alguno alegre? Cante alabanzas". Santiago 5.13

Notemos que en el versículo 13, Santiago comienza a hablar de la oración.

"15Y la oración de fe salvará al enfermo, y el Señor lo levantará; y si ha cometido pecados, le serán perdonados". Santiago 5.15

En medio de hacer oración por los enfermos, por los que están afligidos, se menciona el hecho de cometer pecados. Aparentemente, el pecado hace que nuestras oraciones sean estorbadas y les quita el poder. Hay muchos creyentes frustrados porque sus oraciones no son contestadas; claman, lloran, gimen, reprenden, pero tal parece que los cielos son de bronce para ellos. La razón es que no están viviendo de forma justa, limpia, transparente e íntegra; están contaminados con algún pecado, y eso hace que sus oraciones no tengan poder.

La traducción de la Biblia Amplificada dice lo siguiente:

"Confiesen el uno al otro, por lo tanto, sus faltas, sus traspiés, sus resbalones, sus pasos en falso, sus ofensas, sus pecados y oren el uno por el otro, que puedan ser sanados y restaurados. La oración sincera, continua y con empeño, que se siente en el corazón de un hombre justo, pone a la disposición un poder tremendo (dinámico en su trabajo)".

Notemos que dice, que para que nuestras oraciones tengan un gran poder disponible para mover cualquier montaña, sanar un enfermo, romper toda fortaleza del enemigo, destruir toda obra del diablo y salvar nuestra familia, tenemos que confesar nuestras faltas, traspiés, resbalones, pasos en falsos, ofensas y pecados. Antes de que oremos, es necesario que vayamos al

Señor y confesemos nuestras faltas; y si tenemos un hermano fiel y leal a nosotros, también podemos confesarle nuestras faltas. Esto es lo que le dará poder y sustancia a nuestras oraciones; ya que las oraciones hechas con faltas y pecados, no tendrán ningún poder.

Nuestras oraciones llenan las copas de oro en el cielo.

¿QUÉ SE HACE CON TODO ESE PODER DISPONIBLE, Y DÓNDE SE PONE O SE ALMACENA?

"8Cuando hubo tomado el libro, los cuatro seres vivientes y los veinticuatro ancianos se postraron delante del Cordero. Todos tenían arpas y copas de oro llenas de incienso, que son las oraciones de los santos". Apocalipsis 5.8

"3Otro ángel vino entonces y se paró ante el altar, con un incensario de oro; y se le dio mucho incienso para añadirlo a las oraciones de todos los santos sobre el altar de oro que estaba delante del trono. 4El humo del incienso con las oraciones de los santos subió de la mano del ángel a la presencia de Dios. 5Y el ángel tomó el incensario, lo llenó del fuego del altar y lo arrojó a la tierra; y hubo truenos, voces, relámpagos y un terremoto". Apocalipsis 8.3-5

Primero, la oración del justo sube al cielo. Luego, Dios la guarda en unas copas, teniendo en cuenta el gran poder disponible que tiene; y cuando Dios quiere usar ese poder que está a nuestra disposición, lo mezcla con incienso. Ese humo sube a la presencia de Dios; un ángel toma el incensario y lo llena del fuego del altar para, luego, arrojarlo a la tierra. Dios dice: "yo envío ese poder que está acumulado en estas copas, mezclado con el fuego de mi altar, que destruye todo lo que no sirve; ese poder va para sanar tu enfermedad, para salvar tu familia, para echar fuera los demonios de tu casa y para abrir esa puerta que estaba cerrada; ese poder va para cambiar tus hijos y tu cónyuge. Ese poder va para destruir todo poder del enemigo". ¡Gloria a Dios! El impacto de nuestras oraciones cuando estamos en rectitud delante de Dios, son comparables al sonido de los relámpagos, truenos, voces y terremotos.

LAS MEDIDAS O NIVELES DE PODER

La palabra de Dios nos enseña que de nuestro interior brotarán ríos de agua viva.

"38El que cree en mí, como dice la Escritura, de su interior brotarán ríos de agua viva". Juan 7.38

La palabra **interior** en el idioma griego es *"koilia"*, que significa vientre. Si lo tradujéramos literalmente, se leería así: "de sus vientres brotarán ríos de agua viva". La palabra **vientre** se refiere a estar lleno de poder y reproducirlo, dar a luz cosas.

Para que siempre haya un gran poder a nuestra disposición, tenemos que hacer lo siguiente:

➤ ORAR CONTINUAMENTE.

Recuerde la traducción amplificada que dice: "La oración sincera **continua** y con empeño, que se siente en el corazón de un justo...". La palabra clave aquí es continua. Esto significa que no es una oración que se hace de vez en cuando, sino continuamente. La misma hará que un poder esté disponible todo el tiempo en su vientre para mover cualquier montaña.

➤ VIVIR JUSTAMENTE.

Si vive como justo, en el temor de Dios, en integridad, en rectitud, haciendo obras de justicia, viviendo limpiamente, en pureza y en santidad, entonces sus oraciones producirán un tremendo poder disponible todo el tiempo.

"20Y a Aquel que es poderoso para hacer todas las cosas mucho más abundantemente de lo que pedimos o entendemos, según el poder que actúa en nosotros...". Efesios 3.20

Para que los milagros ocurran, tiene que haber suficiente poder fluyendo, saliendo de nosotros.

Por ejemplo:

"19Se acercaron entonces los discípulos a Jesús y le preguntaron aparte: — ¿Por qué nosotros no pudimos echarlo fuera? 20Jesús les dijo: — Por vuestra poca fe. De cierto os digo que si tenéis fe como un grano de mostaza, diréis a este monte: "Pásate de aquí allá", y se pasará; y nada os será imposible. 21Pero este género no sale sino con oración y ayuno". Mateo 17.19-21

Los discípulos habían tratado de echar fuera el demonio de un joven; pero, no pudieron porque no tenían suficiente poder y fe disponibles, lo cual se requería para echar fuera este demonio. La implicación es obvia. Hay diferentes niveles de poder que se necesitan para lograr diferentes cosas. Si vivimos justamente y oramos continuamente, tendremos siempre en nuestro vientre, un gran poder a nuestra disposición. Desde hoy, comience a desatar ese poder que está dentro de usted. Después de orar una hora o dos, busque un recipiente que necesite ese poder. Busque un enfermo y será sanado; busque un endemoniado y será liberado.

¡Su intercesión y oración tienen poder! La oración del justo puede mucho; porque, justo, es aquel que vive en integridad y en el temor de Dios. La comunión continua de este tipo de hombre con Dios, su constancia y perseverancia, hacen que sus oraciones y su intercesión tengan poder para mover cualquier montaña, circunstancia o problema. Además, las oraciones del justo tienen la habilidad de reproducir o dar a luz cosas en el espíritu. ¡Gloria a Dios!

CAPÍTULO V

¿CÓMO INTERCEDER EFECTIVAMENTE?

U no de los temas que vamos a estudiar en este capítulo, es cómo practicar la intercesión efectivamente. Hay diferentes maneras, y con la ayuda del Señor, vamos a poner en práctica verdades poderosas que cambiarán nuestra vida.

ALGUNOS INGREDIENTES PARA QUE INTERCEDAMOS EFECTIVAMENTE SON:

1. LA AYUDA DEL ESPÍRITU SANTO.

"26De igual manera, el Espíritu nos ayuda en nuestra debilidad, pues qué hemos de pedir como conviene, no lo sabemos, pero el Espíritu mismo intercede por nosotros con gemidos indecibles". Romanos 8.26

El Espíritu Santo es la persona especial que nos ayuda a orar. Sin su ayuda, sería imposible hacer una oración efectiva.

La palabra ayuda es *"sunantilambanomai"* en el idioma griego; la que al mismo tiempo, está compuesta por tres palabras:

Sun: junto con
Anti: en contra de
Lambano: agarrarse de, tomarse de

Al relacionar estas tres palabras con sus significados, podemos decir que:

El Espíritu Santo nos toma de la mano, juntamente con Él, para ir en contra de. La idea aquí es que si lo permitimos, el Espíritu Santo puede orar por medio de nosotros. Esto no quiere decir que Él lo hará todo, sino que se parará a nuestro lado, junto a nosotros y nos ayudará.

*"26...nos ayuda en nuestra **debilidad**..." Romanos 8.26*

La palabra **debilidad** es *"astheneia"* en el idioma griego, que significa literalmente, sin fortaleza o habilidad. Es la incapacidad para producir resultados. La carne es débil y no quiere orar. La carne no tiene ningún poder para producir resultados espirituales positivos; por eso, siempre debemos depender del Espíritu Santo.

"26...pues qué hemos de pedir como conviene..." Romanos 8.26

Lo que este verso nos quiere decir, es que nosotros no siempre sabemos lo que es necesario que suceda en una situación dada; ni lo que es necesario o correcto para interceder por ello. Algunas veces, nos preguntamos: ¿qué hago en esta circunstancia? Aquí es donde viene el Espíritu Santo y nos ayuda. Él nos guiará en lo que tenemos que orar; y quizás, nos revele cosas de esa situación, o a lo mejor, nos traiga algunas escrituras acerca del tema; por eso, necesitamos que Él nos ayude.

2. **TIENE QUE HABER IDENTIFICACIÓN CON LAS CARGAS DE OTROS.**

La identificación tiene que ver con tomar el lugar de otro, sentir esa carga y llevarla a la presencia de Dios. Para que nuestra intercesión sea efectiva, tenemos que aprender a identificarnos con el dolor de otros y ponernos en la brecha por ellos.

3. **LA INTERCESIÓN EFECTIVA REQUIERE UN CORAZÓN COMPASIVO.**

Este punto se conecta muy de cerca con el anterior. Para que podamos identificarnos con la necesidad y la carga de otro, debemos tener un corazón compasivo, que sienta el dolor de las personas, y que sea conmovido en sus entrañas por la angustia de las mismas.

4. **LA INTERCESIÓN EFECTIVA DEMANDA PERSEVERANCIA.**

"¹⁸Orad en todo tiempo con toda oración y súplica en el Espíritu, y velad en ello con toda perseverancia y súplica por todos los santos". Efesios 6.18

La perseverancia es una de las claves para lograr una intercesión efectiva. Algunas veces, con interceder una sola vez, no será suficiente para lograr la victoria. El interceder una hora no necesariamente nos llevará a conseguir el rompimiento; puede tomarse días, semanas, meses y hasta años para lograrlo. Algunas veces, demandará de nosotros una fuerte perseverancia hasta obtener el rompimiento, o hasta que Dios nos haga saber que Él tiene el control de esa situación.

5. **LA INTERCESIÓN EFECTIVA REQUIERE VIVIR DE FORMA LIMPIA Y SANTA.**

Anteriormente, estudiamos el poder de la intercesión, y enseñamos, que para que nuestra intercesión tenga poder, debemos vivir de forma justa y recta delante de Dios.

Los soldados heridos en la guerra espiritual son el resultado de no vivir en rectitud e integridad y de ponerse a hacer guerra en esas condiciones. Para concluir, diremos que para poder interceder efectivamente, debemos depender de la ayuda del Espíritu Santo. También, debemos identificarnos con la necesidad de las personas por medio de tener un corazón compasivo y entender que la intercesión demanda que seamos perseverantes hasta que haya un rompimiento en el espíritu, y para ello, hay que vivir en santidad y rectitud.

¿CÓMO INTERCEDER?

Ya estudiamos cómo interceder efectivamente. Ahora, vamos a estudiar las distintas maneras en que podemos interceder.

➢ **PODEMOS INTERCEDER CON EL ENTENDIMIENTO.**

"15¿Qué, pues? Oraré con el espíritu, pero oraré también con el entendimiento; cantaré con el espíritu, pero cantaré también con el entendimiento..." 1 Corintios 14.15

¿Qué significa interceder con el entendimiento?

Es interceder y orar en nuestro idioma, con palabras que nosotros entendemos. La forma de hacerlo es usando la Escritura, y por medio de ella, interceder delante de Dios. Esta forma de orar está limitada porque, realmente, no todos los creyentes tienen el nivel de conocimiento en su corazón para orar con las Escrituras. Sin embargo, hay un sinnúmero de intercesores que oran con la palabra de Dios porque están llenos de ella y son efectivos en su oración.

➢ **PODEMOS INTERCEDER EN EL ESPÍRITU O EN LENGUAS.**

"15¿Qué, pues? Oraré con el espíritu, pero oraré también con el entendimiento; cantaré con el espíritu, pero cantaré también con el entendimiento...". 1 Corintios 14.15

¿Qué significa interceder en el Espíritu?

Es interceder en una lengua desconocida dada por el Espíritu Santo; y con la ayuda de Él, orar por otros. El orar en otras lenguas es tan efectivo, que cuando lo hacemos, estamos intercediendo en la perfecta voluntad de Dios por una persona o circunstancia específica.

"27Pero el que escudriña los corazones sabe cuál es la intención del Espíritu, porque conforme a la voluntad de Dios intercede por los santos". Romanos 8.27

El apóstol Pablo, cuenta que interceder en lenguas por los santos, era lo que él usaba todo el tiempo.

"18Doy gracias a Dios que hablo en lenguas más que todos vosotros..." 1 Corintios 14.18

Pablo se atreve a decir, que él habla más lenguas que todos los corintios juntos. Es algo maravilloso. Al orar en el Espíritu o en lenguas, estamos orando por la perfecta voluntad de Dios para una persona o situación específica, ya que es el mismo Espíritu Santo haciéndolo por medio de nosotros.

Hay dos razones claras por las cuales debemos orar en el Espíritu o en lenguas. Éstas son:

- Cuando intercedemos en lenguas, es el mismo Espíritu Santo intercediendo **por medio** de nosotros.

- Cuando oramos en lenguas, estamos intercediendo conforme a la **perfecta voluntad de Dios** por una circunstancia específica, aun cuando no sepamos cómo orar en lo natural. El orar e interceder en lenguas nos permite obtener diferentes beneficios espirituales; porque mientras intercedemos por otros, nosotros mismos somos bendecidos y edificados.

¿Cuáles son los beneficios de interceder en otras lenguas?

* SE EDIFICA UNO MISMO. La palabra **edificar**, en el idioma griego, es *"oikodomes"*, que es el acto de construir, edificar una casa, un hogar. Figurativamente, se usa en el Nuevo Testamento, en el sentido de edificación o promoción espiritual; promueve el carácter de los creyentes. También, significa fundar, sobreedificar, reedificar.

"4El que habla en lengua extraña, a sí mismo se edifica; pero el que profetiza, edifica a la iglesia". 1 Corintios 14.4

Lo que nos está diciendo la palabra de Dios en este verso es, que cada vez que oramos en lenguas desconocidas, ponemos un ladrillo más; y en el ámbito interno, algo mejora, tal como podría ser nuestro carácter. En otras palabras, cuando oramos en lenguas, experimentamos una promoción espiritual de crecimiento interior. Después que usted ora durante una hora en lenguas, no volverá a ser el mismo. Dios hará cambios en su edificio espiritual y lo promocionará.

"20Pero vosotros, amados, edificándoos sobre vuestra santísima fe, orando en el Espíritu Santo...". Judas 1.20

Otra de las cosas que hace el orar abundantemente en el Espíritu o en lenguas, es cargarse a sí mismo. En mi propia vida, he experimentado que al terminar de orar, siento que me es impartida una carga de poder, y eso me capacita para orar por otros.

- **ORAMOS LA PERFECTA VOLUNTAD DE DIOS.** Recordemos lo estudiado anteriormente, que cuando oramos en el espíritu por medio del Espíritu Santo, estamos orando a Dios conforme a la perfecta voluntad del Señor para los santos. Ahora bien, lo que tenemos que hacer es pedir al Espíritu Santo que nos ayude y nos guíe a saber por quién orar, qué orar, por qué orar y cuándo orar. De seguro, Él nos tomará de la mano y nos llevará a orar, según la perfecta voluntad de Dios. Si usted no sabe cómo orar por algo o por alguien, simplemente pida la ayuda del Espíritu Santo y empiece a orar en lenguas. Preséntele el caso al Señor en su propio idioma y después continúe hablando y orando en lenguas.

"26De igual manera, el Espíritu nos ayuda en nuestra debilidad, pues qué hemos de pedir como conviene, no lo sabemos, pero el Espíritu mismo intercede por nosotros con gemidos indecibles". Romanos 8.26

- **ORAMOS DIRECTAMENTE A DIOS Y NO A LOS HOMBRES.** El orar en lenguas es una conexión directa de nuestro espíritu con Dios, que al mismo tiempo, nos comunica con Él, hablando misterios que solamente son entendidos por el Señor.

"2El que habla en lenguas no habla a los hombres, sino a Dios, pues nadie lo entiende, aunque por el Espíritu habla misterios". 1 Corintios 14.2

- **CUANDO ORAMOS EN LENGUAS, EXALTAMOS Y MAGNIFICAMOS A DIOS.**

Cada vez que oramos y cantamos en lenguas, estamos magnificando, exaltando, glorificando y honrando a Dios, porque estamos hablando el idioma del cielo.

"⁴⁴Mientras aún hablaba Pedro estas palabras, el Espíritu Santo cayó sobre todos los que oían el discurso. ⁴⁵Y los fieles de la circuncisión que habían venido con Pedro se quedaron atónitos de que también sobre los gentiles se derramara el don del Espíritu Santo, ⁴⁶porque los oían que hablaban en lenguas y que glorificaban a Dios". Hechos 10.44-46

- **EL ORAR EN LENGUAS TRAE DESCANSO ESPIRITUAL.** Una de las razones principales por las cuales el orar en lenguas nos produce descanso, es porque ya no tenemos que esforzarnos para alcanzar la gracia y el favor de Dios, sino que ahora somos conducidos por el Espíritu Santo para orar al Padre conforme a su perfecta voluntad.

"¹¹...porque en lengua de tartamudos, en lenguaje extraño, hablará a este pueblo. ¹²A ellos dijo: Éste es el reposo; dad reposo al cansado. Éste es el alivio, mas no quisieron escuchar". Isaías 28.11, 12

Otra manera de interceder es:

➢ **LA INTERCESIÓN CON GEMIDOS INDECIBLES.**

La palabra **gemidos** significa: Un lenguaje que no puede ser articulado en palabras.

Un gemido que puede ser un llanto, un gemir, un sonido que sale desde nuestro vientre que no viene con palabras sino con un quejido. Esto, en palabras de intercesión, se llama: gemir con dolores de parto para dar a luz algo. Recuerde lo que estudiamos anteriormente, que cada creyente tiene un vientre que puede embarazarse y dar a luz algo. Ese embarazo es llevado a cabo por el Espíritu Santo.

"26...pero el Espíritu mismo intercede por nosotros con gemidos indecibles". Romanos 8.26

¿Qué es gemir en el espíritu?

Es la intercesión que da a luz algo.

La palabra **gemir,** en el idioma hebreo, es el vocablo *"yalad",* que significa dar a luz algo, un tiempo de dar a luz. Otra palabra es *"telah",* que significa estar en un estado de desorden, problemas y agitación.

"7¡Antes que estuviera de parto, dio a luz; antes que le vinieran dolores, dio a luz un hijo! 8¿Quién oyó cosa semejante? ¿Quién vio tal cosa? ¿Concebirá la tierra en un día? ¿Nacerá una nación de una sola vez? Pues en cuanto Sión estuvo de parto, dio a luz a sus hijos". Isaías 66.7, 8

La palabra gemir, en el idioma hebreo, nos da la idea de forzar algo por medio del parto; sacar algo para fuera. Por otro lado, la palabra gemir en el griego es *"tikto",* que significa cargar, traer hacia, estar de parto, producir, sentir los dolores como cuando un niño nace. Esta palabra también describe el proceso de nacimiento de algo en el mundo espiritual, el cual Dios desea que se produzca.

"19Hijitos míos, por quienes vuelvo a sufrir dolores de parto, hasta que Cristo sea formado en vosotros..." Gálatas 4.19

A menudo, el apóstol Pablo hacía intercesión por medio de gemidos indecibles, dando a luz en el Espíritu y hablándole a los gálatas que él no iba a parar de dar a luz y gemir hasta que hubieran madurado en el Señor. Todas las cosas que son iniciadas y nacidas en el Espíritu permanecen para siempre. Por ejemplo, si damos a luz en el espíritu las almas que se van a entregar al Señor, éstas serán los nuevos creyentes que permanecerán en la iglesia.

¿QUIÉN ES EL AGENTE DE DIOS PARA EMBARAZAR?

"³⁴Entonces María preguntó al ángel: —¿Cómo será esto?, pues no conozco varón. ³⁵Respondiendo el ángel, le dijo: —El Espíritu Santo vendrá sobre ti y el poder del Altísimo te cubrirá con su sombra; por lo cual también el Santo Ser que va a nacer será llamado Hijo de Dios". Lucas 1.34, 35

Es el Espíritu Santo que nos embaraza con su voluntad, con sus propósitos, con sus planes, y luego, nos lleva a gemir para darlos a luz en el mundo natural. Cada uno de nosotros, los creyentes, tiene que preguntarse: ¿qué quiere el Señor dar a luz a través de mí? ¿Será la salvación de mi familia, será una casa nueva, un negocio nuevo, mi llamado ministerial, la salvación de las almas, la protección permanente de algún familiar querido? Empecemos a preguntarle a Dios y a gemir e interceder en el espíritu para darlos a luz. Recuerde que Dios no puede hacer nada aquí en la tierra sino es porque alguien se lo pide, lo ora, lo intercede o lo da a luz en el espíritu.

ELÍAS DIO A LUZ EN EL ESPÍRITU

"⁴¹Entonces Elías dijo a Acab: «Sube, come y bebe; porque ya se oye el ruido de la lluvia». ⁴²Acab subió a comer y a beber. Pero Elías subió a la cumbre del Carmelo y, postrándose en tierra, puso el rostro entre las rodillas". 1 Reyes 18.41, 42

Elías tomó la posición de una madre cuando está lista para dar a luz. Esto nos da a entender que Elías gimió en el espíritu para dar a luz la lluvia y el fuego.

JESÚS GIMIÓ EN EL ESPÍRITU

"*33Jesús entonces, al verla llorando y a los judíos que la acompañaban, también llorando, se estremeció en espíritu y se conmovió, 34y preguntó: —¿Dónde lo pusisteis? Le dijeron:— Señor, ven y ve. 35Jesús lloró". Juan 11.33-35*

La palabra es muy clara cuando dice que Jesús se estremeció y se conmovió en el espíritu. Jesús estaba irritado y gimió en el espíritu; susurró en el espíritu al ver la incredulidad de la gente, y al mismo tiempo, estaba dando a luz una resurrección: la de Lázaro.

Para hacer una recapitulación de todo lo que hemos estudiado en este capítulo, podemos decir que la intercesión la podemos hacer con el entendimiento en nuestro propio idioma, usando los versos de la Escritura para interceder. También, podemos interceder en el espíritu o en otras lenguas. Podemos interceder por medio de gemidos indecibles, donde el lenguaje es inarticulado y no puede ser expresado con palabras, sino por medio de llantos, gemidos y sonidos que salen desde nuestro espíritu. Además, entendemos que es el Espíritu Santo el agente que da a luz por medio de nosotros los planes y los propósitos de Dios. Debemos entrar a un nivel de intercesión profunda y empezar a dar a luz la voluntad de Dios para nuestras vidas, nuestra iglesia y nuestras familias.

CAPÍTULO VI

LA INTERCESIÓN
PROFÉTICA

*H*omos ostudiado acerca del poder de la intercesión, lo que es exactamente la intercesión y cómo interceder. Ahora vamos a estudiar lo que es la intercesión profética, muy poco conocida en los círculos cristianos. Hay muchas personas que hablan de ella, pero no tienen una idea acertada y completa de lo que es.

¿Qué es la intercesión profética?

Es algo dicho o hecho en el terreno natural bajo la dirección de Dios y, además, es lo que prepara el camino para que Él se mueva en el terreno espiritual, y como consecuencia, efectúa un cambio en el ámbito natural. Cuando hablamos de algo profético, estamos hablando de algo sobrenatural de Dios. Dios declara una palabra y la revela en un instante específico, para ese momento o para el futuro. Las palabras y declaraciones proféticas preparan el camino para que, luego, el Señor haga todo lo que Él quiera aquí en la tierra. En cierto sentido, esto libera a Dios para que haga algo. Esto no es porque Él esté atado, sino que le da el permiso para llevar a cabo algo. Un acto y una declaración profética son pasos que se dan o se hacen en lo natural con un efecto en el mundo espiritual y que a su vez lo retorna con un resultado en el mundo físico. Nuestras palabras y acciones tienen un impacto en el terreno celestial; lo cual, posteriormente, causan un impacto en la esfera natural. ¿Por qué debemos tener cuidado con nuestras palabras y acciones? Porque si estamos declarando cosas negativas, esas cosas se van a reflejar en el mundo espiritual y traerán un efecto negativo en lo natural.

LA DECLARACIÓN PROFÉTICA

Cuando hacemos una declaración profética o decimos algo que Dios quiere llevar a cabo, entonces nos convertimos en su boca. Recuerde lo que estudiamos desde un principio, Dios quiere hacer su voluntad por medio de nosotros, los seres humanos; y para ello, necesita nuestro cuerpo y nuestra voluntad. Es importante establecer claramente, que para hacer efectiva una declaración, ésta debe contener palabras ordenadas por Dios.

"11...así será mi palabra que sale de mi boca: no volverá a mí vacía, sino que hará lo que yo quiero y será prosperada en aquello para lo cual la envié". Isaías 55.11

Dios va a llevar a cabo aquello que está en su mente y en su corazón; por lo tanto, cuando declaremos algo, debe ser lo mismo que Él habla.

LA CONFESIÓN DEL CREYENTE

"1Por tanto, hermanos santos, participantes del llamamiento celestial, considerad al apóstol y sumo sacerdote de nuestra profesión, Cristo Jesús...". Hebreos 3.1

En el Nuevo Testamento, la palabra confesión es el vocablo griego *"homologeo"*, que significa decir lo mismo. La verdadera confesión bíblica es decir lo mismo que Dios dice, y si Dios lo dice, eso se cumplirá.

La palabra de Dios es llamada también una semilla o simiente.

"23...pues habéis renacido, no de simiente corruptible, sino de incorruptible, por la palabra de Dios que vive y permanece para siempre...". 1 Pedro 1.23

En el idioma griego, la palabra *"speiro"* se traduce espora o esperma, simiente. Cuando Dios habla bajo la dirección del Espíritu Santo, está esparciendo semillas, está sembrando espermas o semillas que van a dar un fruto. Esas semillas tienen la habilidad de producir vida.

"28Asimismo lo que tú determines se realizará, y sobre tus caminos resplandecerá la luz". Job 22.28

La palabra **determinar** significa decretar o decidir.

Cuando leemos por completo lo que Dios nos está diciendo, entendemos lo siguiente: al declarar una palabra o una promesa, ésta se afirma o se establece; al esparcir la semilla de Dios, ésta se levanta, crece y establece algo aquí en la tierra. Comencemos, ahora mismo, a establecer semillas de salvación, liberación, sanidad, prosperidad y unidad familiar. Pídale a Dios que use su boca para declarar promesas. ¡Vamos a esparcir semillas buenas en todo lugar, que crezcan y den fruto! Tomemos la decisión de que, de hoy en adelante, nuestra lengua nunca más será usada por el enemigo como instrumento para maldición, sino que será la boca de Dios para establecer su voluntad aquí en la tierra. Las palabras decretadas por su boca son poderosas y tienen un efecto poderoso.

"25¡Cuán provechosas son las palabras rectas! Pero, ¿qué reprocha vuestra censura?". Job 6.25

"11Las palabras de los sabios son como aguijones, y como clavos hincados las de los maestros de las congregaciones, pronunciadas por un pastor". Eclesiastés 12.11

Dios usa a Ezequiel para hablar a los huesos secos

"¹La mano de Jehová vino sobre mí, me llevó en el espíritu de Jehová y me puso en medio de un valle que estaba lleno de huesos. ²Me hizo pasar cerca de ellos, a su alrededor, y vi que eran muchísimos sobre la faz del campo y, por cierto, secos en gran manera. ³Y me dijo: —Hijo de hombre, ¿vivirán estos huesos? Yo le respondí: —Señor, Jehová, tú lo sabes. ⁴Me dijo entonces: —Profetiza sobre estos huesos, y diles: "¡Huesos secos, oíd palabra de Jehová! ⁵Así ha dicho Jehová, el Señor, a estos huesos: Yo hago entrar espíritu en vosotros, y viviréis. ⁶Pondré tendones en vosotros, haré que la carne suba sobre vosotros, os cubriré de piel y pondré en vosotros espíritu, y viviréis. Y sabréis que yo soy Jehová". ⁷Profeticé, pues, como me fue mandado; y mientras yo profetizaba se oyó un estruendo, hubo un temblor ¡y los huesos se juntaron, cada hueso con su hueso! ⁸Yo miré, y los tendones sobre ellos, y subió la carne y quedaron cubiertos por la piel; pero no había en ellos espíritu. ⁹Me dijo: «Profetiza al espíritu, profetiza, hijo de hombre, y di al espíritu que así ha dicho Jehová, el Señor: "¡Espíritu, ven de los cuatro vientos y sopla sobre estos muertos, y vivirán!"». ¹⁰Profeticé como me había mandado, y entró espíritu en ellos, y vivieron y se pusieron en pie. ¡Era un ejército grande en extremo! ¹¹Luego me dijo: «Hijo de hombre, todos estos huesos son la casa de Israel. Ellos dicen: "Nuestros huesos se secaron y pereció nuestra esperanza. ¡Estamos totalmente destruidos!". ¹²Por tanto, profetiza, y diles que así ha dicho Jehová, el Señor: Yo abro vuestros sepulcros, pueblo mío; os haré subir de vuestras sepulturas y os traeré a la tierra de Israel. ¹³Y sabréis que yo soy Jehová, cuando abra vuestros sepulcros y os saque de vuestras sepulturas, pueblo mío. ¹⁴Pondré mi espíritu en vosotros y viviréis, y os estableceré en vuestra tierra. Y sabréis que yo, Jehová, lo dije y lo hice, dice Jehová»". Ezequiel 37.1-14

Ezequiel recibe una orden de Dios para profetizar a los huesos secos. Éste es un ejemplo de una declaración profética.

Cuando somos guiados por Dios a hacer una declaración profética, tenemos que:

➤ SER OBEDIENTES AL SEÑOR: Algunas veces, Dios nos dirá que declaremos cosas que parecen tontas para nuestra mente, y aún así, tenemos que aprender a obedecer.

➤ ACTUAR EN FE: La fe es importante al declarar una palabra profética. Esta declaración debe ser hecha con fe y convicción, dejándonos llevar por lo que Dios nos dice que hagamos. En esta declaración profética sobre los huesos secos, Dios le da a Ezequiel ciertas instrucciones para que las declare a los huesos.

¿QUÉ SIMBOLIZAN LOS HUESOS SECOS?

Simbolizan la condición espiritual del pueblo de Israel. Cuando Dios hizo esto por medio de Ezequiel, estaba plantando semillas para que tuvieran un efecto en el pueblo. Debemos comenzar a declarar vida a los huesos secos; es decir riegue semillas de vida a los matrimonios caídos, a las finanzas destruidas, a los hijos rebeldes, y demás.

UNA ACCIÓN PROFÉTICA

* ### LA MANO DE MOISÉS

"21Moisés extendió su mano sobre el mar, e hizo Jehová que el mar se retirara por medio de un recio viento oriental que sopló toda aquella noche. Así se secó el mar y las aguas quedaron divididas". Éxodo 14.21

Podemos ver un ejemplo de una acción profética, cuando Moisés extiende su mano sobre el Mar Rojo. ¿Por qué tuvo que extender la mano? Porque Dios se lo dijo. Esta acción simbolizaba la autoridad extendida sobre el Mar Rojo. Si no se hubiese extendido la mano sobre el mar, no se hubiese dividido. Lo que Dios estaba diciendo era: "yo quiero que se haga un acto profético, el cual me dé el permiso y me libere, para llevar a cabo mi plan".

• LA VARA DE DIOS

"9Y dijo Moisés a Josué: —Escoge a algunos hombres y sal a pelear contra Amalec. Mañana yo estaré sobre la cumbre del collado con la vara de Dios en mi mano. 10Josué hizo como le dijo Moisés y salió a pelear contra Amalec. Moisés, Aarón y Hur subieron a la cumbre del collado. 11Y sucedía que cuando alzaba Moisés su mano, Israel vencía; pero cuando él bajaba su mano, vencía Amalec. 12Como las manos de Moisés se cansaban, tomaron una piedra y la pusieron debajo de él. Moisés se sentó sobre ella, mientras Aarón y Hur sostenían sus manos, uno de un lado y el otro del otro; así se mantuvieron firmes sus manos hasta que se puso el sol. 13Y Josué deshizo a Amalec y a su pueblo a filo de espada". Éxodo 17.9-13

Moisés se encontraba en una colina con la vara de la autoridad levantada; y mientras la mantenía en alto, Israel prevalecía, pero cuando la bajaba debido al cansancio, Amalec prevalecía. La cuestión no tenía que ver con el ánimo. ¿Usted cree que los soldados en el campo de batalla estaban viendo a Moisés subir y bajar las manos? Claro que no. No tenía nada que ver con el ánimo, sino con lo que estaba sucediendo en el ámbito espiritual. Esta acción profética estaba dándole permiso a Dios para que hiciera algo en los lugares celestiales.

• MOISÉS GOLPEA LA ROCA

"⁶Allí yo estaré ante ti sobre la peña, en Horeb; golpearás la peña, y saldrán de ella aguas para que beba el pueblo. Moisés lo hizo así en presencia de los ancianos de Israel".
Éxodo 17.6

Moisés tomó la vara de autoridad, golpeó la roca y salió agua. Dios deseaba hacer algo y buscó a Moisés, quien le dio el permiso para darle agua a su pueblo, y por medio de este acto profético de Moisés, Dios hizo salir agua de la peña. Podemos dar un sinnúmero de ejemplos bíblicos de declaraciones y actos proféticos, pero creo que lo más importante es que entendamos lo que hay detrás de ellos y por qué son hechos. Los actos y las declaraciones proféticas son medios que le dan derecho legal a Dios para hacer algo aquí en la tierra.

CAPÍTULO VII

EL PODER Y LA AUTORIDAD
DE ATAR Y DESATAR

*U*na de las cosas que los creyentes deben entender, es que a cada uno de nosotros se nos ha sido dado el poder y la autoridad para representar a Dios, y ejercer dominio y señorío. Dios creó al hombre para que ejerciese señorío sobre todo lo creado. Todo lo que permitamos como creyentes, será permitido en el cielo, y todo lo que prohibamos aquí en la tierra, será prohibido en los cielos.

DIOS CREÓ AL HOMBRE PARA SEÑOREAR

"26Entonces dijo Dios: «Hagamos al hombre a nuestra imagen, conforme a nuestra semejanza; y tenga potestad sobre los peces del mar, las aves de los cielos y las bestias, sobre toda la tierra y sobre todo animal que se arrastra sobre la tierra". Génesis 1.26

Cuando Dios le dice al hombre que señoree sobre todo lo creado, le está diciendo en esencia, que ejerza dominio, señorío, autoridad y que ejecute planes. Pues, Él le ha dado el derecho legal para que cumpla con sus planes y sus propósitos en la tierra.

¿CÓMO IBA A SEÑOREAR EL HOMBRE?

Dios estableció en su Palabra desde un principio, que para señorear o tener autoridad en la tierra, era necesario tener un cuerpo físico; ya que de otra manera, sería ilegal operar en ella.

Dios le da autoridad al hombre para ejercer señorío aquí en la tierra y lo hace de dos formas:

- **POR MEDIO DE UN CUERPO FÍSICO.** El cuerpo físico le da al hombre el derecho para vivir en la tierra legalmente, para ejercitar dominio y señorío y ejecutar los planes de Dios.

- **POR MEDIO DE SU LIBRE ALBEDRÍO O POR SU PROPIA VOLUNTAD.** Dios estableció desde un principio en su Palabra que le daba al hombre una voluntad propia para escoger y hacer sus propias decisiones. Dios nunca ha violado la voluntad de un hombre; por lo tanto, para que el hombre ejerza señorío en la tierra, necesita estar disponible y decirle a Dios voluntariamente: "sí Señor, yo lo haré con gozo y alegría", y ofrecer su cuerpo para que Dios habite en él y cumpla su propósito.

EL HOMBRE CAE EN PECADO

Adán no ejercitó señorío y autoridad sobre su mujer ni sobre la serpiente. Nótese que el diablo usó el cuerpo de una serpiente para tentar a Eva, pues él sabía el principio de Dios que dice que para actuar en la tierra, se necesita un cuerpo. Por tanto, Adán y Eva caen en pecado; pierden la autoridad y el poder dado por Dios; y como consecuencia de esto, ahora el hombre necesita ser redimido de su pecado.

JESÚS RECUPERA LA AUTORIDAD PERDIDA

Jesús vino a esta tierra, nació de una virgen, se hizo un hombre y entró a la tierra con un cuerpo físico, lo cual le dio el derecho legal para actuar aquí en la tierra. Jesús padece en la cruz, muere y resucita al tercer día; reconquistando, por medio de su muerte, la autoridad y el poder que se había perdido, para entregárselos a la iglesia, que somos nosotros los creyentes.

"[18]Jesús se acercó y les habló diciendo: Toda potestad me es dada en el cielo y en la tierra". Mateo 28.18

La palabra **potestad,** en las diferentes traducciones bíblicas, es autoridad. Cada vez que usted vea la palabra potestad, se está refiriendo a autoridad. Los creyentes tenemos la autoridad dada por el Señor Jesús para ejercer dominio y señorío. Jesús recuperó lo que Adán había perdido, y nos lo entregó a nosotros.

¿QUÉ ES AUTORIDAD?

Es la palabra griega *"exousia",* que significa el derecho legal delegado para ejercitar dominio y señorío con un poder que nos respalda. En el lenguaje legal, se usa mucho la palabra "poder"; y a continuación, estudiaremos lo que significa.

¿QUÉ ES UN PODER?

Es la autoridad, la habilidad o la facultad para hacer cualquier acto o hecho con el derecho legal del otorgante.

¿QUÉ ES UN PODER LEGAL?

Un poder legal es un instrumento escrito por una persona, como principal, donde señala a otro como agente y le confiere autoridad para llevar a cabo o ejecutar ciertos actos específicos en lugar o en nombre del principal.

También es usado en caso de que muera el principal; donde automáticamente se delega ese poder al agente para que actúe en nombre de la persona que murió.

"16...pues donde hay testamento, es necesario que conste la muerte del testador, 17porque el testamento con la muerte se confirma, pues no es válido entre tanto que el testador vive". Hebreos 9.16, 17

¿Cómo podemos aplicar esta descripción legal a lo espiritual con lo que hizo Jesús?

Jesús vino a la tierra como un hombre, murió y resucitó. Esta resurrección nos dio un poder legal, el cual fue dejado por escrito; en el cual, el principal es el Señor de los cielos y la tierra, y nosotros somos sus agentes. Él nos confió su autoridad para llevar a cabo o ejecutar actos en su lugar. Los creyentes tenemos el "poder legal escrito" para prohibir o permitir, cerrar o abrir, echar fuera demonios, sanar los enfermos y para orar e interceder por cualquier cosa aquí en la tierra. ¡Gloria a Dios!

HAY DOS TIPOS DE "PODER LEGAL" EN LA LEY MODERNA. ÉSTOS SON:

- UN PODER ESPECÍFICO. Éste es el poder que es dado para actuar solamente en algunos casos específicos en lugar del otorgante.

- UN PODER GENERAL. Éste es el poder que es dado para actuar y ejecutar cualquier acto, en el nombre del otorgante. En este tipo de poder, el otorgante da y confiere todos sus derechos para ser representado y para llevar a cabo cualquier acto, ya sea para decidir o hacer todo lo que al agente le fue conferido por medio del poder dado por el otorgante.

- Jesús no nos dio un poder específico, sino un poder general para ejecutar y llevar a cabo lo que Él nos dijo que hiciéramos.

Cuando Jesús dijo estas palabras: *"toda potestad o autoridad se me ha sido dada en los cielos y en la tierra, por tanto id"*, nos estaba entregando un cheque en blanco, un poder general; es decir, la misma autoridad que le fue conferida por el Padre, también nos la confirió a nosotros. ¡Gloria a Dios!

Jesús nos delega ese "poder legal general" a nosotros para echar fuera demonios.

"18Y les dijo: Yo veía a Satanás caer del cielo como un rayo. 19He aquí os doy potestad de hollar serpientes y escorpiones, y sobre toda fuerza del enemigo, y nada os dañará". Lucas 10.18, 19

La palabra **hollar** es el vocablo griego *"pateo"*, que significa machacar, machucar, pisar o pisotear con el pie.

Jesús nos dio un poder legal general para pisotear toda obra del diablo. Él dice: *"yo les doy autoridad, un poder general para machucar debajo de sus pies a los demonios, serpientes y toda obra del diablo".* Nosotros los creyentes estamos llamados a actuar en lugar de Jesús, en cualquier circunstancia, aun cuando nos enfrentamos con el diablo.

El derecho legal o el poder general dado por Jesús, está respaldado con un poder que viene de los cielos. Jesús no solamente, nos lo dejó por escrito y nos asignó ejecutarlo, sino que también nos dio el poder para llevarlo a cabo. Por ejemplo, el presidente de los Estados Unidos cuando decreta algo, lo dice y lo da por escrito. Es un decreto de ley que tiene que llevarse a cabo; pero si alguno de los ciudadanos no lo quiere obedecer, el presidente tiene todo el ejército, la fuerza aérea, la marina, la infantería, los jueces, el congreso, el senado, el FBI y la CIA que lo respaldan para hacer cumplir sus decretos. Si ciertos ciudadanos no quieren someterse a la ley, algunas ramas gubernamentales se encargarán de hacer que esos individuos rebeldes obedezcan; y si aún así no obedecen, serán llevados a la cárcel. El presidente tiene tanto respaldo, que lo que él diga, es llevado a cabo al instante.

Así mismo sucede en lo espiritual. Jesús nos dio un poder legal general para ejecutar todo lo que Él dejó escrito en el testamento. Además de eso, si hay alguien o algo que no quiere someterse a las leyes del Reino, Jesús nos dio un poder que nos respalda para hacerlas cumplir. Tenemos el nombre, la palabra de Dios, la unción del Espíritu Santo, la sangre de Jesús, los ángeles del cielo y un poder que nos respalda aquí en la tierra. ¡Gloria a Dios!

El poder que nos respalda para ejecutar la autoridad aquí en la tierra, es dado cuando el Espíritu Santo viene sobre nosotros y somos llenos de él. La evidencia de que esto ocurre es el hablar en otras lenguas.

"8...pero recibiréis poder cuando haya venido sobre vosotros el Espíritu Santo, y me seréis testigos en Jerusalén, en toda Judea, en Samaria y hasta lo último de la tierra". Hechos 1.8

¿CUÁL ES EL "PODER LEGAL GENERAL" QUE JESÚS NOS DEJÓ ESCRITO?

"19Y a ti te daré las llaves del reino de los cielos: todo lo que ates en la tierra será atado en los cielos, y todo lo que desates en la tierra será desatado en los cielos". Mateo 16.19

¿QUÉ SIGNIFICA LA PALABRA ATAR?

La palabra **atar,** en el idioma griego, es *"deo"*, que significa restringir, arrestar, cerrar, ligar, prohibir, declarar ilegal o ilegítimo, impropio.

Otro significado para la palabra atar en el griego, es *"deesis"*, que se traduce oración o súplica; o sea, que el atar está ligado a la intercesión. Por lo tanto, podemos atar por medio de la intercesión.

¿QUÉ SIGNIFICA LA PALABRA DESATAR?

Es la palabra griega *"luo"*, que denota desligar, liberar, soltar, deshacer, permitir, dar permiso a que opere, desamarrar, declarar algo legítimo o legal, declarar algo propio, abrir, quitar.

Cuando Jesús le dice a Pedro: *"todo lo que atares en la tierra, será atado en el cielo"*, en esencia, le está diciendo lo siguiente:

"Yo, como Señor de los cielos y la tierra, les estoy dando un testamento escrito, donde los señalo o los asigno como mis embajadores, mis agentes, mis hijos, mis representantes en la tierra. Ustedes tienen un cuerpo físico que les da derecho para vivir y operar en la tierra. Yo les confiero autoridad, facultad y les doy un poder legal general para que todo lo que aten, restrinjan, cierren, prohiban, declaren impropio, ilegal y todo lo que amarren en la tierra, sea hecho de la misma manera en los cielos. Por consiguiente, es también prohibido, cerrado, amarrado y ligado en los cielos". Jesús nos está diciendo, que ejecutemos la autoridad, pues tenemos todo el derecho de hacerlo. En otras palabras, Él nos está haciendo responsables por todo lo que suceda aquí en la tierra. Jesús continúa hablando y dice: **"todo lo que desatares en la tierra, ya fue desatado en los cielos"**.

Si estamos siendo oprimidos por el diablo, es porque lo hemos permitido. Si nuestro hogar está en las ruinas, es nuestra culpa, porque lo hemos permitido. Si el enemigo ha enfermado nuestro cuerpo, es porque no le hemos prohibido tocar nuestro cuerpo.

Si hay una puerta de maldición, depresión y miseria abierta, es porque no la hemos cerrado. Si el enemigo ha traído contienda a nuestra casa, es porque no le hemos declarado ilegal su intervención en nuestro hogar; no le hemos ordenado que se vaya. Si esa puerta de trabajo no se ha abierto, es porque no hemos usado la autoridad para abrirla. Es poderoso, impresionante y maravilloso todo lo que el Señor nos ha dado para ser una iglesia poderosa, con autoridad para atar y desatar, prohibir o permitir y para abrir o cerrar aquí en la tierra.

En el momento en que Jesús nos dio su autoridad, nos hizo responsables por nuestros hechos y por todo aquello que suceda a nuestro alrededor. Ya Jesús no es el responsable de nuestros actos, porque nos ha dado todo lo que necesitamos para ser victoriosos.

No podemos culpar a nadie por nuestra condición; todo lo que nos ha sucedido es porque no lo hemos prohibido, sino que lo hemos permitido.

¿CÓMO ATAMOS Y DESATAMOS?

1. POR MEDIO DE LA INTERCESIÓN

La intercesión es el medio por el cual podemos cerrar o abrir, prohibir o permitir, atar al diablo y desamarrar a una persona atada por el enemigo. Por medio de la intercesión, nosotros los creyentes podemos: prohibirle al enemigo que toque a nuestra familia con enfermedades; abrir puertas ministeriales o de trabajo que estaban cerradas, liberar a los que están cautivos y declarar ilegal o impropia toda obra de brujería, hechicería, contienda y disensión. Nuestra intercesión tiene poder para cambiar todo aquello que está a nuestro alrededor. Dios no puede resistir al enemigo por nosotros; somos nosotros, los creyentes, los que estamos llamados a resistir al diablo.

"⁷Someteos, pues, a Dios; resistid al diablo, y huirá de vosotros". Santiago 4.7

2. EL ATAR Y DESATAR LO HACEMOS POR MEDIO DE LA REVELACIÓN.

"¹⁷Entonces le respondió Jesús: —Bienaventurado eres, Simón, hijo de Jonás, porque no te lo reveló carne ni sangre, sino mi Padre que está en los cielos". Mateo 16.17

¿Qué es revelación?

La palabra revelación es *"apocalipsis"* en el idioma griego, que significa desnudar, revelar una verdad que está escondida.

Revelación es un acto, por medio del cual Dios le comunica a nuestro espíritu y a nuestra mente una verdad que desconocíamos. No es algo que no existía, sino que es una verdad que ha estado en la Biblia, pero que nunca la habíamos visto o entendido.

La revelación o el entendimiento de algo nos da la llave para interceder y ejercitar el poder para atar y desatar. Si no tenemos el conocimiento o la revelación de algo, no podemos ejercitar nuestra autoridad correctamente. Recuerde lo que estudiamos al principio, Jesús dejó un testamento escrito, el cual tenemos que conocer y obtener revelación de él. Hay un escrito en la ley de la constitución de los Estados Unidos, que dice: "La ignorancia de la ley no es una excusa".

Es nuestra responsabilidad buscar, indagar, escudriñar y entender qué es lo que dice el testamento que nos dejó Jesús. Vamos a buscar en la Palabra cuáles son nuestros derechos, privilegios y responsabilidades, y de esa manera, prohibir o permitir según nos ha sido delegado.

El arma más grande que el enemigo ha usado por muchos siglos para paralizar al creyente, ha sido la ignorancia. Aunque muchos creyentes tienen, en teoría, todo el poder legal general para ejercer dominio, no lo pueden ejercer por la ignorancia; pues, no conocen ni tienen revelación de la Palabra.

¿Quiénes tienen las llaves del Reino?

Las llaves del Reino las tienen aquellos creyentes que reciben revelación de la Palabra. Hay individuos que han querido usar esa autoridad y han resultado avergonzados porque no tenían revelación de lo que estaban haciendo.

"13Pero algunos de los judíos, exorcistas ambulantes, intentaron invocar el nombre del Señor Jesús sobre los que tenían espíritus malos, diciendo: ¡Os conjuro por Jesús, el que predica Pablo!" Hechos 19.13

Cada vez que Dios nos da una revelación de una verdad que no conocíamos o no habíamos entendido, nos está dando una llave para abrir una puerta en el espíritu.

Una llave representa la revelación de una verdad bíblica.

El Reino de Dios es como una gran mansión, que tiene millones de cuartos, pero para abrir y entrar a cada uno de ellos, se necesita una llave, y cada llave es una revelación de la Palabra en un área específica. ¿Cómo podemos aplicar esta verdad a nuestra vida? En el momento en que Dios nos revela una verdad de la Palabra, tal como: la liberación, sanidad divina, intercesión, prosperidad, autoridad, poder, santidad, entre otras verdades, nos es otorgada una llave para conseguir cada una de ellas. Por esta razón, es que el enemigo quiere mantenernos ignorantes. Cuando un creyente intercede con revelación y entendimiento de lo que está orando, todo lo que prohiba, ate, declare ilegal o impropio, se hace efectivo.

¿Por qué Jesús le dio las llaves a Pedro?

"19Y a ti te daré las llaves del reino de los cielos: todo lo que ates en la tierra será atado en los cielos, y todo lo que desates en la tierra será desatado en los cielos". Mateo 16.19

Jesús le dio las llaves del Reino de Dios a Pedro en ese momento, porque fue el que recibió la revelación de parte de Dios. De igual manera ocurre cuando recibimos una revelación. En ese momento, entramos en otros niveles de autoridad y unción.

La revelación es para todos aquellos que anhelen y deseen conocer más de Dios; y cuando la recibe, en ese momento, se le da una llave para atar y desatar.

¿Por qué muchas personas o creyentes no reciben revelación de Dios?

Aunque Dios quiere darnos revelación o conocimiento de toda su Palabra, no todos están dispuestos o preparados para recibir nuevas verdades. Dios no permite que determinadas cosas sean reveladas a algunas personas.

En los evangelios, Jesús les habló en parábolas a los discípulos; y cuando éstos le preguntaron el porqué, Jesús les contestó que era para esconder la revelación de aquellos que realmente no la anhelaban. A las personas que anhelan, desean y tienen hambre de la palabra de Dios, Jesús les abre los ojos del entendimiento.

"11Él, respondiendo, les dijo: —Porque a vosotros os es dado saber los misterios del reino de los cielos, pero a ellos no les es dado..."
Mateo 13.11

Dios no revela sus misterios a todo el mundo, sino a aquellos que anhelan y desean conocer más de Él con todo su corazón.

El juicio de Dios contra las personas orgullosas es la ceguera espiritual. Es muy difícil que un creyente orgulloso pueda recibir revelación de Dios. Una de las formas en que Dios esconde las verdades de Él a una persona arrogante, es cegándole el entendimiento, para que no se crea sabio y se confíe en su propia prudencia.

¿Quiénes son aquellos que reciben revelación de Dios?

"21En aquella misma hora Jesús se regocijó en el Espíritu, y dijo: «Yo te alabo, Padre, Señor del cielo y de la tierra, porque escondiste estas cosas de los sabios y entendidos y las has revelado a los niños. Sí, Padre, porque así te agradó". Lucas 10.21

En este versículo, la palabra **niño** no habla, específicamente, de un niño en edad, sino que representa la mente y el corazón de un niño. Un niño es alguien que es enseñable, no especializado; es inexperto, humilde y manso.

Lo que Jesús nos está diciendo es que la revelación la reciben los creyentes que son como niños, que tienen un corazón enseñable; aquellos creyentes que no se creen expertos, que siempre están aprendiendo, aquellos que no confían en el conocimiento del mundo, sino que, son humildes y mansos. Éstos son los que reciben revelación y, debido a esto, tienen el poder para atar y desatar, prohibir y permitir, abrir o cerrar.

Si usted es un creyente que se cree sabio en su propia prudencia, no caminará en la revelación de la Palabra y del conocimiento de Dios; y habrá oscuridad y tinieblas en su vida. Donde hay ignorancia, siempre hay oscuridad.

Hay muchos lugares donde se enseña mucha teología. Pero, las personas están cansadas de tanta información. La gente quiere más revelación, que es la que lleva a producir cambios en la vida.

¿Qué es lo que produce la revelación de la Palabra en un creyente?

1. CAMBIOS EN LA PERSONA Y SU DESTINO.

"17Entonces le respondió Jesús: —Bienaventurado eres, Simón, hijo de Jonás, porque no te lo reveló carne ni sangre, sino mi Padre que está en los cielos". Mateo 16.17

El nombre de Simón significa caña débil, caña frágil e inestable. Por tanto, Simón representa o simboliza a un creyente de esa índole; es uno que no tiene revelación de la Palabra. Representa a un creyente emocionalmente inestable, o sea, de doble ánimo.

También, uno que es derrotado por cualquier circunstancia, uno que se deprime fácilmente.

Leamos lo que le sucedió a Simón después de recibir la revelación de que Jesús era el Mesías.

"18Y yo también te digo, que tú eres Pedro, y sobre esta roca edificaré mi iglesia; y las puertas del Hades no prevalecerán contra ella". Mateo 16.18

El nombre de Pedro en griego es la palabra *"petros"*, que significa un pedazo de roca alargado, roca pequeña, peña pequeña, piedra viva, una pequeña roca salida. Pedro simboliza a un creyente que es un pilar en la iglesia; representa a un creyente maduro, estable, sólido; a un creyente que es una piedra viva.

"5...vosotros también, como piedras vivas, sed edificados como casa espiritual y sacerdocio santo, para ofrecer sacrificios espirituales aceptables a Dios por medio de Jesucristo". 1 Pedro 2.5

Pedro representa a un creyente que no tiene cambios en su estado de ánimo, maduro, capaz de soportar las presiones del servicio a Dios y las presiones del enemigo. *"Petros"* es una roca sólida que soporta y da fortaleza a las demás. También, es uno que tiene revelación de la autoridad para atar y desatar.

La revelación de la palabra de Dios cambia la naturaleza y el destino de una persona. Esto quiere decir que, si usted antes era un creyente carnal (Simón), de doble ánimo, inestable emocionalmente e inmaduro, al recibir la revelación, se convierte en un creyente maduro (Pedro), estable y sólido, y con la habilidad de interceder con revelación; de esa manera, su oración es más efectiva.

Cuando una revelación de Dios viene a nuestra vida, impacta con tanta convicción que nos lleva a actuar en ella y nos vuelve una roca firme.

2. **LA REVELACIÓN DE LA PALABRA LO CONVIERTE EN UN GUERRERO.**

"¹⁸Y yo también te digo que tú eres Pedro, y sobre esta roca edificaré mi iglesia, y las puertas del Hades no prevalecerán contra ella". Mateo 16.18

La versión amplificada de este versículo lee de la siguiente manera:

"Los poderes de la región infernal no prevalecerán, con fuertes perjuicios tenemos que resistir en contra de ellos, tomando una posición ofensiva".

La mejor posición contra el enemigo es una posición de batalla. Primero, vamos a atacar, y esto se logra cuando nos convertimos en verdaderos guerreros.

Si hacemos una conclusión de todo lo cubierto en este capítulo, diríamos lo siguiente: Dios nos ha dado el poder legal general. Dios nos ha otorgado el derecho, la autoridad, la facultad para ejecutar el testamento escrito que Jesús nos dejó. Él nos ha delegado toda su autoridad y nos ha hecho responsables aquí en la tierra para que todo esto funcione bien. Dios no va a resistir al enemigo por nosotros.

Cada creyente tiene que hacerlo por sí mismo; y la mejor arma para hacerlo es la intercesión. Es en oración, que podemos abrir o cerrar, declarar algo ilegítimo o legal. Pero, hay una clave en todo esto, y es que si no tenemos revelación de aquello por lo que vamos a interceder o a orar, no obtendremos los resultados que esperamos. Es necesario recibir revelación, tanto para orar efectivamente, como para llegar a ser creyentes maduros y sólidos en el Señor.

Amigo lector: Si usted desea recibir el regalo de la vida eterna, y ser parte del mover de Dios aquí en la tierra, pero no ha reconocido a Jesús como el hijo de Dios, quien murió y padeció por sus pecados en la cruz del Calvario, lo puede hacer ahora mismo. Por favor, acompáñeme en esta oración, y repita en voz alta.

Oración para recibir el regalo de la vida eterna

"Señor Jesucristo: Yo reconozco que soy un pecador, y que mi pecado me separa de ti. Me arrepiento de todos mis pecados. Voluntariamente, confieso a Jesús como mi Señor y Salvador, y creo que Él murió por mis pecados. Yo creo, con todo mi corazón, que Dios el Padre lo resucitó de los muertos. Jesús, te pido que entres a mi corazón y cambies mi vida. Renuncio a todo pacto con el enemigo; si yo muero, al abrir mis ojos, sé que estaré en tus brazos. ¡Amén!"

Si esta oración expresa el deseo sincero de su corazón, observe lo que Jesús dice acerca de la decisión que acaba de tomar:

"9...que si confesares con tu boca que Jesús es el Señor, y creyeres en tu corazón que Dios le levantó de los muertos, serás salvo. 10Porque con el corazón se cree para justicia, pero con la boca se confiesa para salvación". Romanos 10.9, 10

"47De cierto, de cierto os digo: El que cree en mí, tiene vida eterna". Juan 6.47

Bibliografía

Biblia de Estudio Arco Iris. Versión Reina-Valera, Revisión 1960, Texto bíblico copyright© 1960, Sociedades Bíblicas en América Latina, Nashville, Tennessee, ISBN: 1-55819-555-6.

Biblia Plenitud. 1960 Reina-Valera Revisión, ISBN: 089922279X, Editorial Caribe, Miami, Florida.

Damazio, Frank. *Seasons of Intercession.* Bt Publishing, 1998. Impreso en EUA. ISBN: 188684908-0.

Diccionario Español a Inglés, Inglés a Español. Editorial Larousse S.A., impreso en Dinamarca, Núm. 81, México, ISBN: 2-03-420200-7, ISBN: 70-607-371-X, 1993.

El Pequeño Larousse Ilustrado. 2002 Spes Editorial, S.L. Barcelona; Ediciones Larousse, S.A. de C.V. México, D.F., ISBN: 970-22-0020-2.

Expanded Edition the Amplified Bible. Zondervan Bible Publishers. ISBN: 0-31095168-2, 1987 – Lockman Foundation USA.

Femrite, Tommy, Elizabeth Alves y Karen Kaufwan. *Intercessors.* Regal Book 2000. Impreso EUA. ISBN: 0-8307-2644-6.

Munroe, Myles Dr. *Understanding the Purpose and Power of Prayer.* Whitaker House, New Kensington, PA. Impreso en EUA. ISBN: 0-88368-442-X

Reina-Valera 1995 - Edición de Estudio, (Estados Unidos de América: Sociedades Bíblicas Unidas) 1998.

Sheets, Dutch. *Oración Intercesora*. Editorial Unilit. Impreso en Colorado. ISBN: 0-7899-0395-4.

Strong James, LL.D, S.T.D., *Concordancia Strong Exhaustiva de la Biblia*, Editorial Caribe, Inc., Thomas Nelson, Inc., Publishers, Nashville, TN - Miami, FL, EE.UU., 2002. ISBN: 0-89922-382-6.

The New American Standard Version. Zordervan Publishing Company, ISBN: 0310903335.

The Tormont Webster's Illustrated Encyclopedic Dictionary. ©1990 Tormont Publications.

Vine, W.E. *Diccionario Expositivo de las Palabras del Antiguo Testamento y Nuevo Testamento*. Editorial Caribe, Inc./División Thomas Nelson, Inc., Nashville, TN, ISBN: 0-89922-495-4, 1999.

Ward, Lock A. *Nuevo Diccionario de la Biblia*. Editorial Unilit: Miami, Florida, ISBN: 0-7899-0217-6, 1999.

Wentroble, Bárbara. *Prophetic Intercession*. Regal books, Ventura, California. Impreso en EUA, 1999. ISBN: 0-8307-2376-5.

Cómo Ser Libre de la Depresión

Guillermo Maldonado

Usted encontrará en este maravilloso libro, escrito a la luz de las Sagradas Escrituras, un verdadero manual práctico que le enseñará, paso a paso, cómo enfrentarse a la depresión y ser libre de ella para siempre.

ISBN: 1-59272-018-8 | 80 pp.

Fundamentos Bíblicos para el Nuevo Creyente

Guillermo Maldonado

Este libro guiará al nuevo creyente a la experiencia de un nuevo nacimiento, y lo animará a crecer en el Señor.

ISBN: 1-59272-005-6 | 90 pp.

El Perdón

Guillermo Maldonado

No hay persona que pueda escaparse de las ofensas, por lo que en algún momento de su vida, tendrá que enfrentarse con la decisión trascendental de perdonar o guardar una raíz de amargura en su corazón.

ISBN: 1-59272-033-1 | 76 pp.

ERJ PUBLICACIONES

La Unción Santa

Guillermo Maldonado

El gran éxito que han obtenido algunos líderes cristianos, se debe a que han decidido depender de la unción de Dios. En este libro, el pastor Guillermo Maldonado ofrece varios principios del Reino que harán que la unción de Dios aumente cada día en su vida y así obtenga grandes resultados.

ISBN: 1-59272-003-X
173 pp.

Descubra su Propósito y su Llamado en Dios

Guillermo Maldonado

Mediante este libro, se pretende capacitar al lector para que pueda hacerse "uno" con su llamado; y además, adiestrarlo en el proceso que lleva a un cristiano a posicionarse en el mismo centro de "el llamado" de Dios para su vida.

ISBN: 1-59272-037-4 | 222 pp.

La Familia Feliz

Guillermo Maldonado

Este libro se ha escrito con el propósito primordial de servir de ayuda, no sólo a las familias, sino también a cada persona que tiene en mente establecer una. Estamos seguros que en él, usted encontrará un verdadero tesoro que podrá aplicar en los diferentes ámbitos de su vida familiar.

ISBN: 1-59272-024-2 | 146 pp.

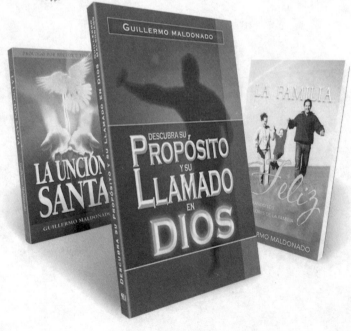

ERJ PUBLICACIONES

La Generación del Vino Nuevo

Guillermo Maldonado

En este libro, usted encontrará pautas que le ayudarán a enrolarse en la generación del Vino Nuevo, que es la generación que Dios está preparando para que, bajo la unción y el poder del Espíritu Santo, conquiste y arrebate lo que el enemigo nos ha robado durante siglos, y podamos aplastar toda obra de maldad.

ISBN: 1-59272-016-1 | 211 pp.

Líderes que Conquistan

Guillermo Maldonado

Es un libro que lo llevará a desafiar lo establecido, a no conformarse, a no dejarse detener por topes o limitaciones; de tal modo, que no sólo cambiará su vida, sino que será de inspiración y motivación para muchos que vendrán detrás de usted buscando cumplir su propio destino en Dios.

ISBN: 1-59272-022-6 | 208 pp.

Evangelismo Sobrenatural

Guillermo Maldonado

Solamente el dos por ciento de los cristianos han guiado una persona a Jesús en toda su vida. Por esa razón, el pastor Guillermo Maldonado, por medio de este libro, presenta a los creyentes el gran reto de hacer un compromiso con Dios de ser ganadores de almas, y cumplir con el mandato de Jesucristo para todo creyente.

ISBN: 1-59272-013-7
132 pp.

El Poder de Atar y Desatar

Guillermo Maldonado

Este libro tiene el propósito de transformar su vida espiritual, enfocándonos de forma directa, en el verdadero poder que tenemos en Cristo Jesús. El conocer esta realidad, le hará dueño de una llave del Reino que le permitirá abrir las puertas de todas las promesas de Dios; y al mismo tiempo, podrá deshacer todas las obras del enemigo.

ISBN: 1-59272-074-9
100 pp.

La Oración

Guillermo Maldonado

Por medio de este libro, podrá renovar su interés en la oración; pues éste le aclarará conceptos fundamentales, y le ayudará a iniciar o a mantener una vida de comunión constante con Dios.

No es un libro de fórmulas o pasos para la oración, sino que va más allá, guiándonos al verdadero significado de la oración.

ISBN: 1-59272-011-0
181 pp.

La Doctrina de Cristo

Guillermo Maldonado

Es imprescindible que cada cristiano conozca los principios bíblicos fundamentales, sobre los cuales descansa su creencia en Dios para que sus cimientos sean fuertes.

Este libro suministra enseñanzas prácticas acerca de los fundamentos básicos de la doctrina de Cristo, que traerán revelación a su vida sobre el tipo de vida que un cristiano debe vivir.

ISBN: 1-59272-019-6
136 pp.

Cómo Volver al Primer Amor

Guillermo Maldonado

Este libro nos ayudará a reconocer qué es el primer amor con Dios y cómo mantenerlo, para que podamos obtener una relación genuina con nuestro Padre Celestial.

ISBN 1-59272-121-4 | 48 pp.

La Toalla del Servicio

Guillermo Maldonado

El propósito de este libro es que cada creyente conozca la importancia que tiene el servicio en el propósito de Dios para su vida, y que reciba la gran bendición que se adquiere al servir a otros. Aquí encontrará los fundamentos que le ayudarán a hacerlo con excelencia, tanto para Dios como para los que le rodean.

ISBN: 1-59272-100-1 | 76 pp.

El Carácter de un Líder

Guillermo Maldonado

Muchos ministerios han caído debido a la escasez de ministros íntegros y cristalinos en su manera de pensar, actuar y vivir. Han tenido que pagar las duras consecuencias de no haber lidiado a tiempo con los desbalances entre el carácter y el carisma. ¡Dios busca formar su carácter!

Si está dispuesto a que su carácter sea moldeado, este libro fue escrito para usted. ¡Acepte el reto hoy!

ISBN:
1-59272-120-6
64 pp.

Sanidad Interior y Liberación

Guillermo Maldonado

Este libro transformará su vida desde el comienzo hasta el fin. Pues, abrirá sus ojos para que pueda ver las áreas de su vida que el enemigo ha tenido cautivas en prisiones de falta de perdón, abuso, maldiciones generacionales, etcétera. Porque *"conoceréis la verdad y la verdad os hará libres"*.

ISBN: 1-59272-002-1
267 pp.

La Liberación: El pan de los hijos

Guillermo Maldonado

- ¿Cómo comenzó el ministerio de la liberación?
- ¿Qué es la autoliberación?
- ¿Qué es la iniquidad?
- ¿Cómo vencer el orgullo y la soberbia?
- ¿Cómo vencer la ira?
- ¿Cómo ser libre del miedo o temor?
- La inmoralidad sexual
- 19 verdades que exponen al mundo místico
- ¿Qué es la baja autoestima?

ISBN: 1-59272-086-2 | 299 pp.

La Inmoralidad Sexual

Guillermo Maldonado

De este tópico, casi no se habla en la iglesia ni en la familia; pero sabemos que hay una necesidad muy grande de que el pueblo de Dios tenga un nuevo despertar y comience a combatir este monstruo escondido que tanto afecta a los hijos de Dios. Este libro ofrece el conocimiento básico y fundamental para tratar con este problema.

ISBN: 1-59272-145-1 | 146 pp.

ERJ PUBLICACIONES

La Madurez Espiritual

Guillermo Maldonado

En esta obra, usted encontrará una nueva perspectiva de lo que significa la madurez espiritual, que lo orientará a identificar su comportamiento como hijo de Dios. Este material lo ayudará no sólo a visualizar los diferentes niveles de madurez que hay, sino también, a descubrir en cuál de ellos se encuentra para hacer los ajustes necesarios para ir a su próximo nivel de madurez.

ISBN: 1-59272-012-9
103 pp.

El Fruto del Espíritu

Guillermo Maldonado

En este libro, usted conocerá cuáles son y cómo se manifiestan los frutos del espíritu. Cada cristiano debe procurar estos frutos para su vida y atesorarlos de una manera especial. Pues, éstos son su testimonio al mundo de lo que Dios ha hecho en su vida, de manera que, cuando el hijo de Dios hable, el reflejo de su Padre acompañe sus palabras y éstas tengan un impacto mayor y más efectivo.

ISBN: 1-59272-184-2 | 170 pp.

Cómo Oír la Voz de Dios

Guillermo Maldonado

¿Desea aprender a oír la voz de Dios? Esta habilidad puede ser desarrollada en usted al aplicar las enseñanzas de este libro; no sólo para conocerlo cada vez más, sino también, para poder fluir en lo sobrenatural.

ISBN: 1-59272-015-3
190 pp.

«Hay un clamor alrededor de la tierra de millones de hombres y mujeres que están clamando...
¡Necesito un Padre!»

Necesito un Padre

Guillermo Maldonado

Hay muchos hijos espirituales y naturales que están huérfanos y que claman: ¡necesito un padre! Muchos de ellos sin propósito, sin dirección, sin destino, sin saber de dónde vienen ni a dónde van. Este libro le traerá una maravillosa revelación acerca de quién es el Padre Celestial, el padre espiritual y el padre natural; también, le enseñará lo que es un verdadero hijo.

Reciba hoy, a través de este maravilloso libro, la revelación del Espíritu Santo, que lo llevará a conocer a Dios como su Padre Celestial. Aprenda a desarrollar una comunión íntima con Él y a ser un hijo leal y maduro.

ISBN: 1-59272-183-4 | 199 pp.

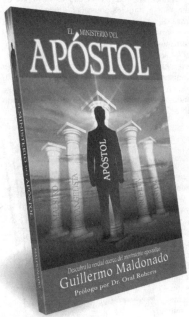

ERJ

La pastora Ana Maldonado nació en "La Joya", Santander, Colombia. Proviene de una familia numerosa, y es la octava de 16 hermanos. Actualmente, reside en la ciudad de Miami, Florida, con su esposo, el pastor Guillermo Maldonado, y sus hijos Bryan y Ronald. La pastora es una mujer de oración, usada fuertemente por Dios, en la Intercesión Profética, en la Guerra Espiritual y en el ministerio de Sanidad Interior y Liberación; pues su objetivo es deshacer las obras del enemigo y rescatar al cautivo. Constantemente, emprende retos y desafíos para restaurar familias, suplir las necesidades de niños de escasos recursos y mujeres abusadas, fundando comedores y casas de restauración. También, reta y levanta a los hombres para que tomen el lugar que les corresponde como sacerdotes del hogar y del ministerio. Es co-fundadora del Ministerio Internacional El Rey Jesús, reconocido como el ministerio hispano de mayor crecimiento en los Estados Unidos y de grandes manifestaciones del Espíritu Santo. Este ministerio nació en el año 1996, cuando ella y su esposo decidieron seguir el llamado de Dios en sus vidas. La pastora Ana Maldonado se dedica al estudio de la Palabra desde hace más de 20 años, y posee un Doctorado Honorario en Divinidad de "True Bible College".

De la Oración a la Guerra
por la pastora Ana G. Maldonado

Éste es un libro que está trayendo un alto nivel de confrontación al pueblo cristiano; un pueblo que ha permanecido en la comodidad y el engaño de creer que puede alcanzar las promesas de Dios sin pagar el precio de la oración y la intercesión. El lector se sentirá sacudido por el poderoso testimonio de esta mujer de Dios, que fue de hacer oraciones de súplica a convertirse en un general del ejército del Dios Todopoderoso. El lector se sentirá desafiado por una mujer y una madre que se levanta, día tras día, en oración y guerra espiritual contra el enemigo, para arrebatarle por la fuerza lo que pertenece a los hijos de Dios y a su Reino.

Es hora de que usted renuncie al temor a Satanás y acepte el desafío de usar la autoridad que Jesús le delegó para mantener al diablo bajo sus pies y para conquistar todos los terrenos que Dios ha preparado para su pueblo. ¡Anímese a pasar de la Oración a la Guerra!

ISBN: 1-59272-137-0 | p. 134